英語教師を
めざす人のための
英語力養成

武藤克彦 [著]
辰巳友昭

CD と同内容の音声をダウンロードできます。

音声ダウンロードについては、三修社ホームページをご参照ください。

https://www.sanshusha.co.jp/audiobook/

「audiobook.jp」への会員登録（無料）が必要です。

登録後、シリアルコードの入力欄に「05831」の数字を入力してください。

はじめに

　本書は主として英語教員志望者を対象とした英検準1級に関する書籍です。通常の英検対策書と同様、模試を始め試験問題の分析や合格のための対策法を丁寧に解説していますが、試験対策にとどまらない総合的な英語力を伸ばすための学習法、さらには教師として実際に教壇に立った際に役立つ英語指導の方法や活動案も紹介しています。対策書と学習書・指導書としての要素を併せ持つユニークな本書ですが、次のような発端および考えを元に刊行するに至りました。

文科省による提言

　グローバル社会を生きる子供たちの可能性を広げることを主眼として、文部科学省（文科省）は2011年に小・中・高等学校を通じた新たな英語力向上のための5つの方策[1]を打ち出しましたが、その中で「英語教員の英語力・指導力の強化」が重点的に取り組むべき課題のひとつとして掲げられました。さらに2013年6月の閣議決定[2]においては、英語教員に推奨する英語力の目標として英検準1級、TOEFL® iBT 80点、TOEIC® L&R TEST 730点以上、目標達成率については中学校教員50%、高等学校教員75%という具体的な数値も示されています。

　しかしながら、以降6年が過ぎようとしていますが、指導力の強化と比較して、教員自身の英語力向上については現役教員のみならず教員養成課程を履修する学生の間でも表立ってその重要性を問われる機会は乏しい状態です。「5つの提言」では現役教員のみならず教員志望者の英語力もこのような水準（CEFR B2[3]）へ引き上げることが望まれるとしていますが、グローバル化への対応を迫られる一般企業が新入社員の入社時や昇進、海外赴任条件等において英語力（TOEIC® L&R TEST 800点など）を問うている現状を踏まえると、この奨励は遅きに失した感があります。大学入試において積極的に英検準1級（または同等のCSEスコア）を入試条件等に活用する大学が増えている現況を踏まえると、「教員に必要なのは英語力よりも英語教授力、英語力だけあっても教えられない」といった教員側の弁明は通用しにくくなりつつあります。

英語教員の英語力

では、実際に現在の英語教員の英語力とはどの程度なのでしょうか。上記の提言以降、文科省は全国の公立学校の英語教員に対して英語担当教師の英語力や授業での英語使用状況に関する調査を行っています。2017年度に実施された調査結果[4]においては、調査対象となった公立中学校（9,405校）の教員のうち、CEFR B2 レベル（英検準1級等）以上を取得した教員の割合は33.6%、公立高等学校（3,369校）の教員の割合は65.4%にとどまることが示されました。調査を開始した2013年（中学校27.9%、高等学校52.7%）以来、中学校・高等学校ともに達成率は着実に上昇していますが、文科省が目標として掲げている中学校教員50%、高等学校教員75%という数値には未だ到達していません。文科省は「外部検定試験を受験し、自らの英語力を把握することは、教員としての自己研鑽につながる」としていますが、検定試験に合格するための勉強（過去問を解くなど）だけでは自己研鑽とは言えないでしょう。

直近の受験予定の有無にかかわらず、教材研究以外で意識的に生の英語に触れ、自発的に英語を使用する機会を増やし、自身の英語力を鍛え続けることは試験合格に向けての副次的成果（ウォッシュバック効果）を生み出します。そして、これこそが試験合格やスコア取得以上にとても重要な行動となり得ます。

英語学習者としての英語教員

一人の（日本人）英語教員は「指導者」の前に「英語学習者」であるはずです。現在、入試への出願に際し、多くの大学では英検2級合格を英語試験免除の条件にするといった優遇措置を取っていますが、偏差値が上位の大学に限らず準1級を出願条件として認める大学（学部・学科）も増加傾向にあります。それにより英検準1級取得（または同等レベルの試験）を目指す高校生の数も増えていくことでしょう。そのような現状を踏まえると、生徒と同等の「英語力」を持たない教員が「英語」指導を行うのは互いが不安を抱く要因となり得るのではないでしょうか。今後、大学入試4技能化や英検を含む入試における民間試験の活用に際して、教員自ら自己研鑽して英語力を伸ばし、試験に合格し、そして自らの学習経験や試験勉強の経験をもって適切に生徒の学習指導を行える素地を養うことが不可欠になっていくでしょう。

本書を構想してから刊行に至るまでに約5年の月日が流れました。その間、大学入試改革や小学校英語の導入など、2020年に控えた東京オリンピック・パラリンピックを見据えて、日本の英語教育は変革の時期を迎えています。この機運が一段落した後、引き続き活躍しなければならないのは、英語力と指導力を兼ね備えた未来の教師です。そのような教師を目指す際の一助として本書をご活用頂ければ著者、編集者一同、誠に嬉しく思います。

2019年9月

武藤克彦・辰巳友昭

◆ 注

1. 文部科学省. (2011). 『国際共通語としての英語力向上のための5つの提言と具体的施策』
http://www.mext.go.jp/component/b_menu/shingi/toushin/__icsFiles/afieldfile/2011/ 07/13/1308401_1.pdf
2. 文部科学省. (2013). 『第2期教育振興基本計画』
http://www.mext.go.jp/a_menu/keikaku/detail/__icsFiles/afieldfile/2013/06/14/1336379_02_1.pdf
3. CEFR（Common European Framework of Reference for Languages：ヨーロッパ言語参照枠）とはシラバスやカリキュラム、学習指導教材作成や外国語運用能力評価ための包括的基盤のこと。「外国語を用いて何ができるか」が6段階に設定されていますが、文科省が英語担当教員に求めているB2（自立した言語使用者）は、外国語で次のことが「できる（Can-Do）」とされています：自分の専門分野の技術的な議論も含めて、抽象的な話題でも具体的な話題でも、複雑な文章の主要な内容を理解できる。母語話者とはお互いに緊張しないで普通にやり取りができるくらい流暢かつ自然である。幅広い話題について、明確で詳細な文章を作ることができる（吉島・大橋, 2004）。
4. 文部科学省. (2018). 『英語教育実施状況調査（結果概要：中学・高等学校関係）』
http://www.mext.go.jp/component/a_menu/education/detail/__icsFiles/afieldfile/2018/ 04/06/1403469_01.pdf

本書の構成と使い方

　本書は前述の「英語教員の英語力・指導力の強化」を起点に、現役教員や教員養成課程を履修する大学生向けに英検準1級の試験対策と総合的な英語力を伸ばす学習法、そして同試験の問題を活用した指導法や授業活動案を提示することを目的としています。それに従い、本書は（1）Half模試（診断テスト＆実践テスト）、（2）分析・対策編、（3）学習編、（4）指導編の4つのパートに分かれた構成となっています。

　まずは「学習者」として英検準1級の合格を目指すことが先決です。現時点での実力を知るために、実際の英検準1級（一次試験）の問題数の半分からなる「診断テスト」を解くことで実力チェックを行います。解答した後は解説や日本語訳を通して、間違えた箇所の復習をしてください。

　次に筆記問題（語彙、読解問題）、リスニング問題、ライティング問題の分析と対策について学習します。続いて、練習問題などを通してそれぞれの問題形式に必要なスキルを総合的に身につける学習法を学びます。その後、「実践テスト」を解いて再度自身の英語力を確認します。「診断テスト」のスコアと比較してみましょう。それらに加えて、二次試験（面接）の問題分析・対策および学習法を通して、二次試験を突破するための準備もします。

　最後に「教師」（を目指す学生）として、適宜英検準1級形式の問題（Half模試）を例として活用しつつ、指導や授業活動を行うための知識を獲得します。語彙指導や読解指導、リスニングやライティング、スピーキング指導における基礎知識や理論を始め、具体的な活動案を提示しつつ実際にどのような教室活動が展開できるかを解説します。便宜的に診断テストの問題を言語材料として提示していますが、教科書やその他の問題を使用した際にも活用できる汎用性のある活動や指導案となっています。また、指導に役立つ参考文献なども適宜紹介していますので、ぜひ今後の学習の際の参考にしてみてください。

　多くの方にとって、英検合格に集中する時期と指導法に思いを巡らせる時期に大きな隔たりがあるかと思います。学習内容は上記のように段階的ですが、学習編（第1章〜第4章）と指導編（第5章）に取り組む時期については断続的で構いませんので、ご自身の必要性に応じて学習を進めてみてください。

目次

はじめに／本書の構成と使い方
英検準1級の試験概要 ……………………………………………………… 8

第1章　診断テスト（英検準1級 Half 模試 A） ……………………… 9
　　筆記試験 ……………………………………………………………… 10
　　リスニング試験 ……………………………………………………… 20

第2章　テスト分析と対策 …………………………………………… 25
　　筆記試験の分析と対策 ……………………………………………… 26
　　リスニング問題の分析と対策 ……………………………………… 39
　　二次試験（面接）について ………………………………………… 48

第3章　学習法を学ぶ ………………………………………………… 57
　　学習法　語彙・読解編 ……………………………………………… 58
　　学習法　リスニング編 ……………………………………………… 74
　　学習法　ライティング編 …………………………………………… 96
　　学習法　面接編 ……………………………………………………… 103

第4章　実践テスト（英検準1級 Half 模試 B） ……………………… 115
　　筆記試験 ……………………………………………………………… 116
　　リスニング試験 ……………………………………………………… 125
　　二次試験　面接（問題カード） …………………………………… 130

第5章　指導法を知る ………………………………………………… 133
　　語彙・読解の指導 …………………………………………………… 135
　　リスニングの指導 …………………………………………………… 166
　　作文（ライティング）の指導 ……………………………………… 187
　　面接（スピーキング）の指導 ……………………………………… 194

〔別冊〕　診断テスト Half 模試 A　解答と解説 ……………………………… 1
　　　　「学習法を学ぶ」練習問題解答 ………………………………………… 28
　　　　実践テスト Half 模試 B　解答と解説 ………………………………… 35

英検準1級の試験概要

一次試験　筆記（90分）／リスニング（約30分）

測定技能	形式・課題	形式・課題詳細	問題数	問題文の種類	解答形式
リーディング	短文の語句空所補充	文脈に合う適切な語句を補う。	25	短文会話文	4肢選択（選択肢印刷）
	長文の語句空所補充	パッセージの空所に文脈に合う適切な語句を補う。	6	説明文評論文など	
	長文の内容一致選択	パッセージの内容に関する質問に答える。	10		
ライティング	英作文	指定されたトピックについての英作文を書く。	1	（英作文なので問題文はない）	記述式
リスニング	会話の内容一致選択	会話の内容に関する質問に答える。（放送回数1回）	12	会話文	4肢選択（選択肢印刷）
	文の内容一致選択	パッセージの内容に関する質問に答える。（放送回数1回）	12	説明文など	
	Real-Life形式の内容一致選択	Real-Life形式の放送内容に関する質問に答える。（放送回数1回）	5	アナウンスなど	

二次試験　英語での面接・スピーキング（約8分）

一次試験の合格者のみ二次試験に進むことができます。

＊主に大学入試の英語成績提供システムへ対応するために、「英検®CBT」「英検®S-CBT」など新方式のテストが実施されています。新方式では一次試験の合否に関わらず、申込者全員がスピーキングテストを受験します。出題意図や難易度については、従来の英検®と同様です。

受験にあたっては、実施団体である「公益財団法人　日本英語検定協会」（略称：英検）の情報をご確認ください。
http://www.eiken.or.jp/eiken/

第1章
診断テスト

まずは模擬試験で
英検準1級のテスト形式・内容を確認するとともに、
自分の英語力をチェックしてみましょう。

第1章 診断テスト

英検準1級 Half 模試 A

筆記試験 (解答と解説は別冊に掲載)

1 *To complete each item, choose the best word or phrase from among the four choices. Then, on your answer sheet, find the number of the question and mark your answer.*

(1) Although Cindy chose to quit her job when she had a baby five years ago, she is now thinking about (   ) her career.
  1 resenting   **2** resuming   **3** relegating   **4** retaining

(2) It is hard to put forward your opinions during a discussion if you are unprepared and have only a (   ) understanding of the topic.
  1 superficial   **2** collective   **3** bearable   **4** prominent

(3) The champion was such a strong wrestler that Frank was easily (   ).
  1 overpowered   **2** centralized   **3** scrapped   **4** exterminated

(4) The scientist often tells interesting (   ) about his research, which is why so many students want to attend his lectures.
  1 subsidies   **2** anecdotes   **3** coauthors   **4** hostages

(5) It is said that the manufacturer planned to build the factory on the (   ) of the town, hoping to create jobs for the unemployed.
  1 outskirts   **2** fragments   **3** metropolis   **4** statistics

(6) Jim was shown a picture of the head of a dragonfly (   ) 10 times. Looking at the picture, he thought the dragonfly seemed as if it were wearing a helmet.
  1 replicated   **2** tackled   **3** magnified   **4** highlighted

10

(7) As a young architect, Kimberly offered an unconventional design free of charge for a new public building. Unfortunately, her offer was ultimately (   ), but she was satisfied with her work.
    1 gratified   **2** confiscated   **3** scribbled   **4** declined

(8) *A:* Honey, do you think I am (   ) our kids? Dad says I'm spoiling them.
    B: Don't worry, Ann. He just has a different view about raising children. You're a good mom.
    1 stifling   **2** distorting   **3** pampering   **4** infringing

(9) *A:* I heard there are some words and phrases that TV stations and newspapers avoid using.
    B: That's right. In general, they tend to avoid those conveying a negative (   ).
    1 temperament   **2** possession   **3** connotation   **4** drawback

(10) Many people around the world enjoy wearing particular costumes and disguising themselves as someone else, but they need to be careful. In some countries, for example, (   ) a police officer is illegal.
    1 impersonating   **2** demonstrating
    3 reproducing   **4** manipulating

(11) Even at the risk of their lives, journalists cover and report on war as long as there are (   ) victims of human egoism and stupidity.
    1 vivid   **2** hapless   **3** tender   **4** intact

(12) The oldest building in the city is going to be (   ) next month. Many people want the city to preserve it, but the budget won't allow the city to do so.
    1 torn down   **2** wrapped up   **3** burned out   **4** carried away

(13) The new leader of the country was chosen democratically, but he never (   ) to the citizens' expectations. While in office, he had only yes-men around him, and didn't hesitate to remove anyone who didn't agree with him.
    1 measured up   **2** pitched in   **3** rounded out   **4** flooded back

2 Read each passage and choose the best word or phrase from among the four choices for each blank. Then, on your answer sheet, find the number of the question and mark your answer.

Stone Money

Money — the use of something of value or representing value in exchange for something or a service — has been around for thousands of years. Today, money is (**14**) and its value is backed by the government issuing it. Earlier forms of money were pieces of something agreed upon to have value such as gold or even large pieces of stone. This stone money is called Rai and it was first used hundreds of years ago by people living on the Pacific island of Yap.

Rai started when the people of Yap discovered limestone on neighboring islands. They thought the limestone was beautiful and (**15**) their home island on bamboo boats. Eventually the Yapese needed something that they all agreed was valuable to use as what is money today and carved the pieces of limestone into discs with a hole in the middle. Imagine giant coins made of stone.

The largest Rai were the size of a small car and weighed up to 4,000 kilograms. Money of this weight is difficult to move. Instead of moving the Rai when making a purchase, the Yapese simply made oral agreements as to who owned the stone and what was bought with it. Although today most monetary transactions are done using paper money, the Yapese still (**16**) from time to time.

(14)　1　seen only in certain areas
　　　2　among various types of currency
　　　3　superior in endurance
　　　4　paper or coin in form

(15)　1　brought it back to
　　　2　began to use on
　　　3　shipped it internationally from
　　　4　dreamed of developing

(16)　1　trade goods with others
　　　2　value and use their stone money
　　　3　evaluate their currency system
　　　4　aim at having their own money

Universities and Academic Freedom

Universities are places where people study and research specialized subjects. Although there have been schools of higher learning all over the world for thousands of years, universities as we know them today started in Europe. The word university comes from the Latin phrase *universitas magistrorum et scholarium* and means community of teachers and scholars. Universities in Europe started as gatherings of students and teachers who were given freedom by kings and princes to research, teach, and study certain subjects.

A key idea behind universities is academic freedom. Academic freedom means that scholars should be free from persecution to study what they want and to teach and publish writings without political interference. The idea was first expressed in the academic charter of the University of Bologna, the world's oldest continuing university. The document, called the *Constitutio Habita*, was adopted in 1155 and makes clear that scholars should be able to study and teach without harassment.

Academic freedom is so important to universities that in 1988 a document reaffirming the idea was proposed by the University of Bologna. It is called the *Magna Charta Universitatum* and today it has been signed by almost 800 universities around the world. One of the ways universities protect academic freedom is by offering professors tenure. Tenure means a professor may only be fired for professional misconduct, not for his or her opinions or academic interests. However, there are some limitations. Generally, professors are expected to stay within the subject of their courses and refrain from strongly promoting a specific political or religious agenda.

(17) According to the passage, universities in Europe
1 were educational institutions where kings and princes were educated along with citizens.
2 once faced serious shortage of scholars who were literate both in English and in Latin.
3 used to be independent academic communities organized by promising students.
4 began as a place where students and teachers were officially permitted to teach and learn.

(18) Why is the idea of academic freedom important to universities?
1 It allows academics to learn and to express their ideas freely.
2 It promotes international exchange between universities.
3 It guarantees that universities will continue for many years.
4 It gives universities political power to influence decisions.

(19) What can be inferred from the passage about professors with tenure?
1 Most of them regularly read academic papers written by scholars at the University of Bologna.
2 They are always outspoken and never hesitate to criticize whatever they want to.
3 They usually prefer not to provoke others despite the fact that they cannot be easily fired.
4 It is hard to dismiss them because tenure means having expertise in labor laws.

The Space Race

The space race between the U.S. and the Soviet Union was not just a race to see which country could go into space or send men to the moon first. For the two countries, it was also a race to prove which country was better. It was a race to prove which country had the better technology, science, and even political system. Although the race was competitive rather than cooperative, for humanity it had the positive effect of advancing the understanding and exploration of space.

Officially, the space race began in 1955 when the U.S. and Soviet Union announced intentions to launch satellites into space for the first time. However, it could be argued that the race really started with the surprising 1957 launch of Sputnik by the Soviet Union. Sputnik was the first man-made object in space and it could be seen and heard all over the world.

The space race continued in 1961 with the Soviet Union launching the first man to orbit the Earth, Yuri Gagarin. This was followed a few weeks later by Alan Shepard becoming the first American in space. However, John Glenn became the first American to orbit or go around the Earth in February of 1962. From this point the Americans and Soviets traded achievements in space. Soviet cosmonaut Alexey Leonov became the first man to walk in space in 1965. Meanwhile, in the following year the Americans performed the first successful docking of two spaceships.

These achievements were small steps towards the ultimate prize in the space race — becoming the first to land on the moon. In 1962 President John F. Kennedy gave his famous " We choose to go to the moon" speech inspiring America to get to the moon by the end of the 1960s. On July 20, 1969 the US reached this goal when Neil Armstrong and Buzz Aldrin became the first men to successfully land on the moon. This achievement would mark the peak of the space race. The Soviet Union never made it to the moon.

The space race as a competition for national glory ended in 1972 with the Apollo-Soyuz Test Project. The U.S. and Soviet spaceships docked and the astronauts and cosmonauts visited each other's ships in a sign of friendship and peace. The project was the first cooperative space project between the

U.S. and the Soviet Union. Its legacy of cooperation continues today with the International Space Station, which is a joint project with the U.S., Russia, Europe, Japan, and Canada.

(20) How does the author describe the space race between the U.S. and the Soviet Union?
  1 It was a meaningless competition that would be eventually forgotten by most people.
  2 It was a costly race whose main goal was to put a human colony on the moon.
  3 It was a competition in which advancements in space would prove which country was better.
  4 It was rather a peaceful race that had the positive effect on understanding each other.

(21) The author refers to Sputnik because
  1 it was the first manned-spaceship launched by the U.S.
  2 it was the first man-made object in space to orbit the Earth.
  3 it was the project that ended the space race between the U.S. and the Soviet Union.
  4 it was the Soviet project to dock two different spaceships.

(22) In a speech in 1962, President Kennedy
  1 explained how important it was to put more satellites in orbit around the Earth than the Soviets.
  2 announced that the U.S. would cooperate in a joint mission with the Soviet Union.
  3 encouraged America to land men on the moon before the end of the 1960s.
  4 praised Neil Armstrong and Buzz Aldrin for getting to the moon successfully.

(23) How did the space race for national glory end in 1972?

1 The Soviets declared victory in the space race against the U.S.
2 It became less competitive and more cooperative with the Apollo-Soyuz project.
3 The U.S. astronauts and Soviet cosmonauts insisted together on the end of the space race.
4 Japan and Canada revealed their intention of jointly launching the International Space Station.

4 English Composition

- Write an essay on the given TOPIC.
- Use TWO of the POINTS below to support your answer.
- Structure: Introduction, main body, and conclusion
- Suggested length: 120-150 words

TOPIC
Agree or disagree:
More young people should work abroad in the future.

POINTS
- *Working opportunity*
- *Human resources*
- *Gaining experience first*
- *Cultural differences*

Listening Test (音声スクリプト・解答と解説は別冊に掲載)

Part 1

No. 1
1. Pay the fee for a check-up.
2. Adopt a dog from the shelter.
3. Give the dog a name.
4. Set up a veterinary appointment.

No. 2
1. She wants a room close to the hotel restaurant.
2. She has difficulty falling asleep on the first floor.
3. She wants a room with a good view.
4. She doesn't want to stay too close to the pool.

No. 3
1. Buy a new grill at a store near his house.
2. Cook something she is used to.
3. Test out all the features of her new grill.
4. Invite him over for dinner.

No. 4
1. She prefers to sit on the aisle.
2. She prefers to sit next to the window.
3. She wants to have a seat in the back.
4. She wants to have a seat next to the lavatory.

No. 5
1. Get new tires before their summer trip.
2. Exchange the old tires right away.
3. Buy new tires at an auto garage.
4. Order new tires for their new car.

No. 6
1. His favorite band is going to perform.
2. He wants to promote local food there.
3. He is a big fan of jazz music.
4. He doesn't have to pay for the event.

20

Part 2

(A) **No. 7**
1. They are insisting on issuing a license to the limited number of hunters.
2. They hope to save rhinoceroses by creating fake horns and selling them.
3. They have proved that rhinoceros horn medicines don't work.
4. They are opposing moving rhinoceroses to a safer area without hunters.

No. 8
1. Rhinoceros horns have too many uses to be fully replaced.
2. Poachers will still hunt the rhinoceros for its meat.
3. Most rhinoceros horn medicine is actually not made of rhinoceros horns.
4. The number of rhinoceroses is decreasing because of buffalos.

(B) **No. 9**
1. There are fewer signs than spoken words to learn.
2. They are able to see better than they can hear.
3. They can control their arms better than their tongues.
4. The language portions of their brain haven't developed.

No. 10
1. They learn spoken language more easily.
2. They can get things done more accurately.
3. They understand the importance of using words.
4. They are quicker to decide what to do.

(C) **No. 11**
1 Its graphics have been too life-like, which have often caused sickness.
2 It has been incapable of tracking motion well enough for users to feel natural.
3 Its slow tracking ability has often resulted in serious accidents.
4 People can become disoriented when using virtual reality for extended periods.

No. 12
1 Headsets with larger screens are available.
2 Technology of faster motion detection is used.
3 More realistic graphics is under development.
4 It is useful when people look around for something.

Part 3

(D)

No. 13

Situation: You are a member of a softball team. Your team is signing up to register with a local league. You receive the following explanation about how to fill out the registration.

Question: What should you do first?
1 Play a beginner-league game.
2 Write down the team name.
3 Collect signatures from your teammates.
4 Pay the registration fee of $40.

(E)

No. 14

Situation: You are staying at a resort hotel. You are looking for an activity to do with your husband. You listen to the following explanation from the concierge.

Question: What should you do?
1 Go bungie jumping.
2 Go to the spa.
3 Take the snorkeling class.
4 Take the scuba diving class.

(F)
No. 15

Situation: A delivery company tried to deliver a package while you were away. You are not available between 9 a.m. and 7 p.m. You call the number they left to learn your options and are told the following.

Question: What should you do to receive the package?
        1 Call the driver before delivery.
        2 Ask for delivery at the normal delivery time.
        3 Pick up the package at the office.
        4 Have them deliver it to a convenience store.

第2章
テスト分析と対策

英検準1級のテスト形式・内容ならびに
出題傾向を詳しく見た上で、
学習効果の上がる対策を確認・実践しましょう。

第 2 章　テスト分析と対策

筆記試験の分析と対策

I　筆記試験の構成

英検準 1 級の筆記試験は以下の 4 つの Part で構成されています。

大問	形式	設問数	目安の時間
1	短文の語句空所補充問題 短文中の空所に適切な語句を選択肢から選んで入れ、文章を完成させる。	25 問	15 分
2	長文の語句空所補充問題 250 語程度のパッセージに 3 つある空所に、文脈に合うように最も適切な語句を選択肢から選ぶ。パッセージは 2 つ。	6 問	15 分
3	長文の内容一致選択問題 パッセージの内容を問う質問に対して選択肢の中から最も適切なものを選ぶ。3 つの設問がある 300 語と 400 語程度のパッセージが 2 つ、4 つの設問がある 500 語程度のパッセージが 1 つ。	10 問	35 分
4	英作文問題 指定されたトピックについての英作文を書く。目安は 120 〜 150 語。使うべきポイントと構成の指示あり。	1 問	25 分

II　出題傾向と対策

2014 〜 2018 年度の一次試験問題（計 15 回分）を用いて、出題傾向を分析した結果と、大問ごとの対策法について説明します。

大問 1　短文の語句空所補充問題

1. 出題傾向
(1) 文の種類と長さ

25 問のうち、多くは文（章）形式で、各回 4 問程度が対話文になっています。

対話は友人、家族、同僚など比較的親しい2名の間のものになっています。また、対話形式でないものの中にも、ある人の発言ととれるものが一部含まれています。

例　Don't be too (　　　) at this stage. It's still too early to tell whether you'll get the promotion.

正解 optimistic

（2014 年度第 3 回）

すべての設問が2文以上か、あるいは接続詞によって結ばれた複文・重文になっており、語数は多くが25語前後です。原則的に空欄を含む文以外の前後の文が理解できなければ正解しづらい作りになっています。そのため、単なる語彙知識だけではなく、文脈をつかむ読解力が求められます。

(2) 文の内容

内容は多岐に及び、日常生活に即したものと職場やビジネスの場面のもの、学校や教育に関するもの、そして事件や政治などのニュースを思わせるものがまんべんなく含まれます。例えば2014〜18年度の15回分、全375問で見た場合、主として日常生活や家族・友人・恋愛関係に関わる内容が50問ある一方で、政治・法律・国際関係に関する内容が56問、健康や医療に関わるものが53問、事件・事故・社会問題に関連したものとスポーツ・芸術・文化に関連したものがそれぞれ48問、職業や職場・ビジネスに関わるものが45問、そして学校や教育・学問に関するものが30問となっています。

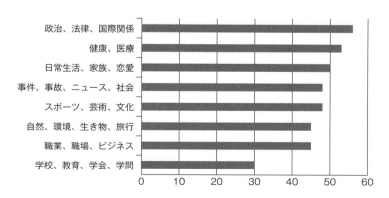

(3) 出題形式と問われる品詞

　空所に入る語句を選択肢から選ぶという形式ですが、選択肢の 4 つはいずれも同じ品詞のため、構文や語順はヒントになりません。あくまでも前後の文脈から、適切な意味の語句を選ばねばなりません。なお、準 1 級からは冒頭の指示も全て英語で表記されています。

　問われる品詞の内訳としては、動詞、名詞、形容詞（稀に副詞）、及び句動詞に絞られており、名詞と形容詞はほぼ同数で 25 問中 8 問前後。動詞は 5 問程度ですが、他に句動詞が 4 問出されるため、それを合わせると 9 ～ 10 問程度となります。回によって若干のばらつきが見られますが、総じて動詞(句)、名詞、形容詞の 3 種類がバランス良く問われるのが特徴です。副詞は稀に問われますが、例えば 2014 ～ 18 年度の 15 回中では 8 問のみです。問われる順番はランダムですが、最後の 4 問（21 ～ 25）が毎回句動詞という点だけは共通しています。

　あえて注意すべき品詞を挙げるとすれば、動詞でしょう。動詞は進行形、受け身、完了形などで分詞の形で使われることもあれば、動名詞の形で使われることもあり、さらに形容詞の中に分詞が混じっていることがあるためです（例 puzzled, justified, conflicting）。

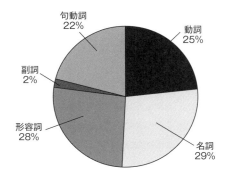

2. 大問 1 の対策

　準 1 級の語彙問題は、前後の文脈や語と語のつながり（コロケーション）が分かっていないと正解できないものが多くあります。例えば次のような問いです。

The letter Stacey and her husband received from the bank was (　　　), so they were unsure of exactly what it meant.

1 vibrant　　**2** ambiguous　　**3** spiteful　　**4** righteous

(2014 年度第 3 回)

　正解は「曖昧な」を意味する 2. ambiguous ですが、この選択肢を絞り込むには空欄後の so 以下を読解する必要があります。素早く文全体を読み、意味を理解することが正解への第 1 歩です。

　形や意味が紛らわしい語句が選択肢に並べられることも多くみられます。次のような問いでは、単に個々の語の意味が分かっているだけでは判断に困ることになります。

　Mr. Finch went to a school that (　　　) good manners and self-discipline.
　　1 harvested　　**2** cultivated　　**3** blossomed　　**4** planted

(2014 年度第 2 回)

　それぞれ 1「収穫した」2「開拓した」3「花開いた」4「植えつけた」といった意味に取れますが、この中で「教育などの力で人の性質を引き出したり、成長させたりする」というニュアンスで使われるのは 2. cultivated です。
　総じて、個別の語とその日本語訳をリストにして覚えるというやり方では、準 1 級の語彙問題に正解するには不足と言えます。それよりは普段から英字新聞など一定の水準の英文を（できれば声に出して）読み、実際に使用されている形で表現を覚えていくことをお勧めします。そのような時間を確保しにくいという場合は、例えば準 1 級の過去問や対策問題を解く際に、同時に表現をフレーズや文の形で覚えていくと良いでしょう。単語リストの類はあくまでも知っているかどうかを最終的に確認するために使いましょう。ただし、句動詞や熟語、イディオムの類は、たいてい形と意味が 1 対 1 対応なので、これらについては一つ一つ覚えていくという方法も有効です。
　さらに個別の語彙について調べたりまとめたりする余力のある人は、辞書を引く際にその語の取りうる構文、形容詞であればどのような名詞をどの位置で修飾するか、例文、語源やその語を形成している要素（接頭、接尾など）、派生語、類義語とその使い分けポイント、反意語、および熟語を確認してみましょう。それをできればノートにまとめて後に復習できるようにすればなお良いのですが、最低限辞書に線を引き、付箋を貼るなどして印をつけておきましょう（電子辞書

の場合も類似の機能を使います。注意を向けるという意味だけでなく、後に引いたこと自体を忘れてしまった時に役立ちます)。

また、あまり時間がないという人も、日頃から意味のわからない表現を見つけたら調べたり、逆に日常生活の中で物事を英語で言う練習をしてみましょう。例えば「蛇口 = faucet/tap」、「粘着テープ = adhesive tape」など、頻繁に目にしていても英語で言えるとは限りません。日頃の姿勢で語彙量に大きく差がつくことになります。

大問2　長文の語句空所補充問題
1．出題傾向
(1) 長文の内容と構成

題材＝タイトルになっていて、原則3段落で構成されます。該当15回、30題のうち、なんらかの生物や環境に関するものが10題、健康や医療に関わるものが8題、特定の地域の地理・歴史・文化に関わるものが7題あり、この辺りが定番の話題と言えます。関連する地域としては多くが英語圏地域、特にアメリカですが、時折他の地域の話題（例　2017年第3回第2題：インド）や、特定の地域名が登場しないものが含まれます（例　2014年第1回第2題）。また途中で大学教授などの専門家の意見や研究結果が引用されることがありますが、多くが英語圏の大学に関連しています。

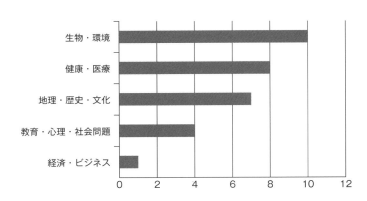

(2) 出題形式と問われる要素

　大問2では、各段落に空いた合計3箇所の空欄に当てはまるものを、それぞれ4つの選択肢から選びます。2014～18年の合計90問のうち、ほぼ半数に当たる43問が述部、すなわち動詞以降の部分を選択するものでした。また、多くの回で3問のうち1問はなんらかの接続表現（Nevertheless, In contrastなど）が問われています。その他には節、すなわち主部と述部の両方（述部は全体または一部）を問うものや、主語、前置詞の後、目的語などの位置にくる名詞句、さらにはbe動詞の後の補語の要素を問う例が見られました。

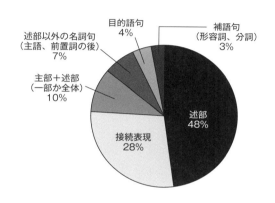

2. 大問2の対策

　大問2は内容の深い理解というよりも、シンプルに文章の論理展開を追えているかどうかを問うものなので、ざっくりと要旨を把握できれば正解することができます。冷静になおかつ速やかに読み解きたい問題です。タイトル及び第1段落の冒頭から題材をつかみ、第2段落、第3段落と段落（＝パラグラフ）を順序良く読み進めましょう。一番の対策は、日頃からトピック・センテンスと指示文によって成る英語の段落構造とその繋がりを意識すること。「パラグラフリーディング」に関する参考書や問題集は数多いのでここではあえて詳しく触れませんが、各段落の第1文に着目する、代名詞や言い換えによる繋がりを見抜くなど、少し意識してみるだけでこのタイプの英文がぐっと読みやすくなります。

　また、3段落からなる大問2では、時間軸に沿った説明、始めに提起された疑問に対する解明、ある事柄に対する対照的な意見の紹介など、ある程度定番化した展開パターンが見られます。普段からそのような英語の典型的な展開に慣れ親しんでおくことも重要ですが、過去の問題文章を「論理展開」という視点で読む

だけでもかなりの対策になります。

ただし、「パラグラフ」「論理展開」といったいわゆるトップダウン型の読みは、ある程度の語彙力が備わっていなければ難しいものです。具体的には1つの段落中に複数、意味の類推すらかなわない語句が入っていた場合、その文章の読解はどうしても難しくなります。その場合の対策としては語彙力の強化が急務です。特に、大問2で問われることの多い接続表現は、その多くが複数語からなる熟語のため、意味と使いかたを含めて完全に覚えてしまうと良いでしょう。接続表現を覚えることで、自ずと文と文、段落と段落のつながりに目を向けることも可能になるため、結果的にトップダウンの読みにもつながっていきます。

大問3 長文の内容一致選択問題
1. 出題傾向
(1) 長文の内容と構成

3つの長文のうち、2つは3段落、最後の1つは4段落で構成されることが多く、それがそのまま設問数と一致しています。以下に示すように、大問2同様、内容は多岐に及び、地歴、教育といった文系的な内容と医療、自然科学といった理系的な内容が満遍なく登場します。また、大問2の長文が雑学的な知識を扱うことが多いのに対し、大問3の長文はその多くが時事的関心ごとであり、なんらかの相反する立場が紹介されることが多いのが特徴と言えます。なお、扱われる地域も大問2と同じく最も多いのが英語圏ですが、特定の地域にとらわれない題材（例 2017年第2回第1題 *Tardigrades*）や、複数の地域にまたがる内容（例 2017年第1回第1題 *The Fairy Circle Debate*）も多く出題されます。

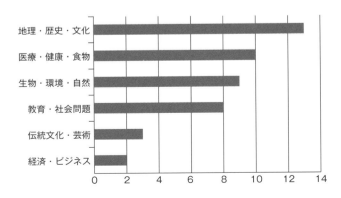

(2) 出題形式と問われる要素

　大問3は質問に対する最も適切な答えを4つの選択肢から選ぶという形式で、いずれも段落ごとの内容の正確な読解が求められます。15回分126問のうち、ある特定の1、2文の内容が理解できていれば答えられるといった局所的な問いは4問（3％）に過ぎず、ほとんどが段落全体の要点の理解を問う問題です。

　特筆すべきは、全体の53％に当たる67問が、該当する段落の後半部分に関する問いであることです。これは、出題される英文の段落構成上、前半で述べた内容に対して後半にその理由説明や、however等の逆接表現を伴った前半と対照的な内容が述べられることが多いからです。

　一方で、単純に段落の第一文を読み取れば正解できるといった問いはほとんど見られず、段落全体を一文一文丁寧に（あまり時間はかけられませんが）精読できていなければ正解が難しい問いがかなり多く含まれています。ただし、該当する段落を超えて2段落以上にまたがった内容の理解を問うものはほとんど見られず、126問の中でわずか5問（4％）でした。

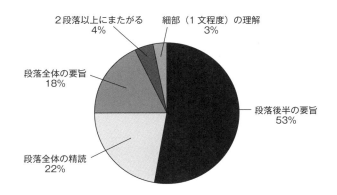

2. 大問3の対策

　話の流れや対比表現に注意して読めば比較的正解の容易な大問2とは異なり、大問3の問いは選択肢も紛らわしく、さっと一読しただけでは正解を見極めにくいものがほとんどです。始めに読む段階では、仮にわからない箇所があっても、下線や印を書き入れながら素早く読み通し、のちに設問を踏まえて再度該当箇所を読み返すのが良いでしょう。設問はほぼ全てが特定の段落の全体ないしは後半部分の理解を問うものなので、該当箇所を探して一文ずつしっかり読み取りながら、内容と矛盾しない選択肢を選べば正解できます。その際以下を念頭に置いて

おくと、素早く該当箇所を見抜くのに役立ちます。

- 第1問は第1段落、第2問は第2段落といった具合に、文章の流れにそって設問が組まれている。
- What does Dr. X say about 〜? のように固有名詞が問いに含まれる場合、文中にその固有名詞を探すとよい。
- 段落後半について問う問題が比較的多い。Why 〜? / Y did 〜 because ... のように理由を尋ねる問いのほとんどはこれに当たる。
- 相反する立場が述べられる文章では、それぞれの立場と理由を押さえる（What do the two have in common? のように、異なる立場の共通点が問われることもある）。

1つ注意する必要があるのは、大問3では設問や選択肢で使われている表現が本文中の表現の言い換えになっていることが多い点です。例えば、2015年度第1回3つ目の文章では、What does 人物名 say about student achievement? という問いに対し、正解が Student show the most progress when they are instructed by skilled individuals who possess a high level of knowledge about education. です。これは本文中の、人物名 points out that "a growing body of research indicates that teacher expertise is one of the most important factors in determining student achievement" の内容を言い換えたものですが、2つがほぼ同じ内容を述べているということにすぐ気づけるのは相当精読力が高い人だけでしょう。他にも正解の選択肢が段落全体の要約になっているなど、大問3では本文内容の解釈やその言い換えが焦点になることが多いです。過去問や模試でなかなか正解しないようならば、日頃から英文要約や書き換えの練習をすることをお勧めします。

また、一定の語彙量がなければ読み取りが難しいのは、大問3も大問2と同様です。難しい表現や概念に関してはほぼ間違いなく直後に補足説明が与えられますが、それ以前に一段落に意味の全くわからない語が4つも5つもあるという人は、パラグラフリーディングと同時に語彙の増強に努めましょう。

大問4　英作文（ライティング）問題

1．出題傾向
(1) トピックの形式と内容

英作文問題は 2016 年以降それまでの Email 形式からミニ・エッセイ形式に変わりました。Agree or disagree（賛成または反対せよ）で始まる形式と Should ～?, Will ～? といった疑問文の形式があります。

以下のトピック一覧を見ると分かるように、現代社会でよく話題になる事柄ばかりです。日本社会に関するものがほとんどですが、2017 年第 3 回は人類全体を話題としています。トピックに should（～すべき）とあるものと will（～するだろう）とあるものとでは答え方が異なるので注意しましょう。前者は解答者の意見を、後者は予想を答えることになります。また、2018 年第 1 回では問い方が Is it acceptable ～? となっていますが、これは acceptable（許される）の語彙に should 的な意味が含まれていて、解答者の意見が聞かれています。

トピック一覧（英検サンプル問題～ 2018 年第 3 回）

サンプル	Agree or disagree: Small, independent shops and businesses can survive in modern society（小さな自営業店は生き残れるか）
2016 年第 1 回	Agree or disagree: The number of young people who live with their parents after they finish their education will increase in the future.（親と同居する若者は増えるか）
2016 年第 2 回	Do you think that Japanese companies need to improve their treatment of female workers?（企業は女性の待遇を改善するべきか）
2016 年第 3 回	Agree or disagree: Japan should become a completely cashless society（キャッシュレス社会になるべきか）
2017 年第 1 回	Do you think that the government should provide more support for unemployed people?（政府は失業者をもっと支援するべきか）
2017 年第 2 回	Agree or disagree: The Japanese government should do more to protect the environment（政府は環境保護により力を注ぐべきか）
2017 年第 3 回	Will humans live on other planets someday?（人類は他の惑星に住むようになるか）

2018年第1回	Is it acceptable to keep animals in zoos?（動物を動物園に閉じ込めることは許されるべきか）
2018年第2回	Should Japan do more to protect its historic sites?（日本は史跡を守る為にもっと努力するべきか）
2018年第3回	Agree or disagree: Japanese companies should hire more foreign workers.（企業はもっと外国人を雇うべきか）

(2) 出題形式と問われる要素

大問4の指示は以下のとおりです。
- Write an essay on the given TOPIC.
- Use TWO of the POINTS below to support your answer.
- Structure: introduction, main body, and conclusion
- Suggested length: 120-150 words
- Write your essay in the space provided on Side B of your answer sheet. Any writing outside the space will not be graded.

上記指示文の下に、例えば2017年第3回であれば次のように続きます。

TOPIC
Will humans live on other planets someday?

POINTS
- Cost
- Dangers
- Situation on Earth
- Technology

評価の観点は全級共通して「内容（課題で求められている内容が含まれているか）」、「構成（英文の構成や流れが分かりやすく論理的であるか）」、「語彙（課題に相応しい語彙を正しく使えているか）」、「文法（文構造のバリエーションやそれらを正しく使えているか）」の4つです。それぞれ準1級に照らせば次のような点が重要になります。

- **内容**：トピックに対する自分の意見が明確であり、ポイントを2つ使って補足説明できている
- **構成**：**Introduction** で意見を明確にし、**Main body** でポイントを使った補足説明、**Conclusion** でまとめの文がそろっている

＊目安として Introduction と Conclusion はいずれも 20 語程度（2 文くらい）、Main body の説明がそれぞれ 40～50 語程度（3～4 文くらい）であれば指示通り 120～150 語数となります。また、分かりやすく論理的な流れを作る上で First(ly), Second(ly), In addition, For these reasons といった「ディスコースマーカー（つなぎ表現）」を適切に使用したいものです。

- **語彙**：ポイントを含め、話題となっている事柄に関連した語句を使えることが望ましい、同時に品詞や綴りのミスを極力減らす
- **文法**：接続詞や関係詞、名詞構文などを用いて明快かつ知的な文を作成したい、同時に単数複数、時制、代名詞などのミスを極力減らす

2. 大問4 ライティングの対策

　準1級に限らず英検では一貫して「意見」「理由説明」「まとめ」という構成が求められますが、これは英文パラグラフの原則にほかなりません。2級以下の英作文問題に備えたことがある人は、そのトレーニングをそのまま準1級にも活かすことができます。ただし準1級ではトピックがそのまま現代（日本）社会の論点になっており、日頃から時事的な内容に目を向ける姿勢があると良いでしょう。これまで問われている内容はいずれも一般的に話題になることです。これらは高校の英語教材でも触れられていることが多く、英検2級の2次試験で最後に問われる質問にも通じます。

　具体的に作文する際には、何よりも Introduction で自分の意見を明確にすることが重要です。トピックの表現はそのまま使って良いので、例えば上記 2017 年第3回であれば：
I believe humans will live on other planets someday.
（または I do not think humans will live on other planets someday.）
と述べ、
My opinion is based on the following two reasons.
と続けるだけで 20 語程度の Introduction が完成します。

ここで重要なのは、きちんとトピックに対して解答することであり、I would like humans to live on other planets.（人類に他の星に住んでもらいたい）のように言葉を間違えるとずれた解答になってしまいます。In my opinion, / I agree with 名詞（または that 節）といった決まり文句を幾つか覚え、これらを使い間違えないようにすることも大切です。

　次に Main body ですが、与えられたポイントのうち2つを使います。ポイントはそれぞれ賛成反対（肯定否定）いずれかにより使い易いことが多く、作文の道しるべとして使えます。2017年第3回の場合、Cost（費用）と Dangers（危険）は反対意見に、Situation on Earth（地球上の状況）と Technology（科学技術）は賛成意見に使い易くなっています（もちろん逆の立場に使ってもかまいません）。

　ここで気をつけたいのは、First of all, there are many dangers on planets other than the Earth. のように1文述べただけではとうてい目安の語数とはなり得ないということです。

For example, in addition to the problems of air, water, and food, there may be substances or even organisms that are harmful to human body. I don't think humans will ever be able to overcome all the dangers that life on other planets would pose.

のように、具体的説明や小さなまとめの文を加える必要があります。なお、ポイントはそのままの表現で使わなくても内容的に押さえれば良いということも覚えておきましょう。

　最後の Conclusion は、原則的に Introduction で述べた意見を再度述べるだけで事足ります。For these reasons, These are the reasons why I believe といった定番の表現を正確に使えるようにしておきましょう。語数に余裕のある場合は、It will be too dangerous and costly. のように Main body の内容を簡潔に添えると更にまとまりのある文章になります。

　日常のトレーニング法としては、上記のような構成のミニ・エッセイを、準1級の過去問、対策本、新聞の記事や投書欄などを題材にして書くことをお勧めします。また、話題及び関連する語句を知るためには、ときおり英字新聞に目を通し、気になる記事をクリップしておくことが有効です。より多くの時事的話題に英語で集中して触れたいという方には『The Japan Times 社説集』（ジャパンタイムズ）を利用するのもお勧めです。

第2章 テスト分析と対策

リスニング問題の分析と対策

I リスニング問題の構成

リスニングは以下の3つのPartで構成されています。

Part	形式	設問数	配点
1	会話の内容一致選択問題 放送される12の会話文の後にそれぞれ流れる質問の答えを選択肢から選ぶ。	12問	各1点
2	文章の内容一致選択問題 放送される150語程度の英文の後にそれぞれ流れる2つの質問の答えを選択肢から選ぶ。	12問	各1点
3	Real-Life形式の内容一致選択問題 放送前の10秒で問題用紙に印刷されているSituationとQuestionに目を通す。英文放送の後に選択肢から答えを選ぶ。	5問	各2点

II 出題傾向と対策

2014年度～2018年度一次試験のリスニング問題（計15回分）を用いて、出題傾向を分析した結果と、各パートの対策法について説明します。

Part 1　会話の内容一致選択問題

1. 出題傾向

(1) 場面ならびに話者の関係

　出題される問題の多くは親しい人同士（友人、家族、同僚）の会話に関するものです。その他は、様々な店や空港やホテルのカウンター、レストラン、病院などいわゆる他人同士の会話が出題されています。すべて男女2人の会話（80～100語程度）ですが、短いものは「A→B→A→B」、長いものは「A→B→A→B→A→B→A」のように対話形式（発話の回数）が異なります。

話者の関係（180ダイアローグを分析）
A. 友人………57ダイアローグ
　　例　社会人、学生
B. 家族・身内………49ダイアローグ
　　例　夫婦、親子、親戚
C. 同僚………39ダイアローグ
　　例　会社の同僚、教員同士
D. 客と店員など………30ダイアローグ
　　例　店、レストラン、空港カウンター、病院など
E. その他………5ダイアローグ
　　例　教授と学生

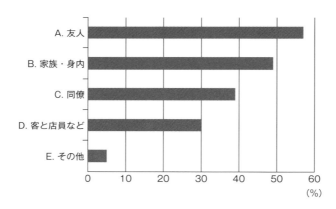

(2) 質問形式

　問われる内容から、質問は以下の7つに分類されます。これらのうち、ほとんどが話者に関する質問ですが、会話の要点を問う問題や会話後の状況について推測させる問題など、会話全体に関する問題もしばしば出題されています。なお、質問文は基本的にWhat ～？疑問文ですが、時おり原因・理由を尋ねるWhy ～？疑問文が出題されることにも注意しましょう。

質問内容（180問を分析）　＊（　）内は（年度−回）を示す。（15-1）は「2015年度第1回」
A. 話者の意思や意図に関する問題………33問
　　例　What does the woman want to do?（15-1）
　　　　What does the woman imply?（18-3）

B. 話者の意見や心情を問う問題………30問
　例　What does the woman say about the exhibition?（14-3）
　　　What did the man think of the movie?（17-1）
C. 話者の行動を推測させる問題………29問
　例　What will the couple do next?（14-2）
　　　What is the woman going to do?（16-2）
D. 原因・理由を問う問題………28問
　例　Why is the man complaining?（14-2）
　　　Why is the woman anxious?（18-1）
E. 会話の要点・細部を問う問題………28問
　例　What are these students discussing?（17-2）
　　　What is the man's option of the food tour?（18-2）
F. 話者の提案・依頼に関する問題………18問
　例　What does the man offer to do?（14-1）
　　　What does Ben suggest the woman do?（17-3）
G. 話者について問う問題………14問
　例　What do we learn about the man and the woman?（15-2）
　　　What is one thing we learn about Kyle?（16-3）

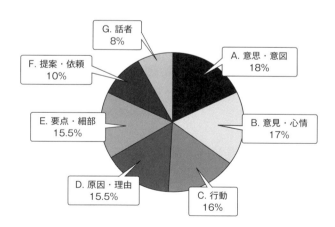

2. Part 1 の対策

　質問文は問題用紙に書かれていませんが、選択肢の形から問われる質問のタイプを推測できることもあります。概して、文（S+V）または動詞で始まる句が並

んでいる選択肢のセットがあります。選択肢に4つの文が並んでいる場合は「話者の意見や心情を問う問題」である可能性が高いので、話者が思っていること、感じていることを聞き逃さないようにしましょう。

　動詞から始まる選択肢は「話者の意思や意図に関する問題」または「話者の申し出・提案・依頼に関する問題」が問われています。よって、トークの中で話者が行いたい、または相手にしてあげたい、相手からして欲しいと思うことに集中して聞き取るとよいでしょう。

　質問が読み上げられてから次のトークが始まるまでの間隔は約10秒しかありません。解答用紙に素早くマークし、残った時間で次の問題の選択肢の形を確認し、リスニングに備えましょう。

　登場人物の関係が様々であることから、会話内容は日常的なものから社内でのオフィス会話まで多岐にわたりますが、英語自体がシンプルであり、内容も素直なものがほとんどなので聞き取るのはそれほど難しくありません。ただ、唐突に始まって終わる短い会話のため、すばやく (1) 2人の関係を把握し、(2) トピックをつかみ、(3) 話の流れ（同意か反論か）を理解し、最終的に (4) 会話の帰結（意見や提案など）を聞き逃さないことが重要です。

Part 2　文章の内容一致選択問題

1. 出題傾向

(1) パッセージのジャンル

　「海外事情・文化」が最頻出のジャンルですが、それに続く3ジャンル（「歴史（人物・事物）」、「科学・技術」、「環境・動植物」）も出題数において大きな差はありません。複数のジャンルに関わるトピックもありますし、人間の心理などを含む、他のカテゴリーに分類できないパッセージも出題されることがあります。

パッセージのジャンル（90パッセージを分析）
A. 海外事情・文化………19パッセージ
　　タイトル例　Christmas Trees（15-2）、Gated Communities（18-2）
B. 歴史（人物・事物）………15パッセージ
　　タイトル例　The Woman Who Changed the Champagne Industry（16-3）、Early Baseball Gloves（18-2）
C. 科学・技術………13パッセージ
　　タイトル例　Biofuels（14-3）、Burning Irons（17-2）

D. 環境・動植物………12 パッセージ
　タイトル例　Towel Reuse（14-3）、The High Arctic Camel（16-3）
E. 社会問題………7 パッセージ
　　タイトル例　Fighting Poverty（15-3）、Selfies（18-3）
F. 医療・健康………7 パッセージ
　　タイトル例　Medical Care Abroad（14-1）、Vacation Days（18-1）
G. 経済・ビジネス………6 パッセージ
　　タイトル例　Careers（14-2）、Online Crowdfunding（18-1）
H. その他（心理など）………10 パッセージ
　　タイトル例　A Social-Media Experiment（15-3）、The Power of Perception（16-2）

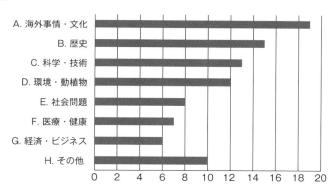

(2) 質問形式

　ほとんどが詳細情報を問う問題です。What ～ ? と What is one ～ ? という 2 つの質問形式が用いられますが、どちらも問われるのは詳細情報です。出題頻度は低いですが、理由または手段を問う問題もあり、こちらは難易度が高い質問と言えるでしょう。

質問形式（180 問を分析）
A. 詳細情報を問う問題（What ～ ?）………98 問
　　例　What is the first step of the new technique?（15-1）
　　　　What was discovered after Secretariat died?（18-3）
B. 詳細情報を問う問題（What is one ～ ?）………68 問
　　例　What is one thing the speaker says about Guam?（14-2）

What is one thing we learn about the city of Takoma Park? (18-2)
C. 理由または手段を問う問題（Why/How ～ ?）………14問
　例　How might the work of scientists help farmers in the future? (15-1)
　　　Why were some people upset about the Lincoln Highway? (18-1)

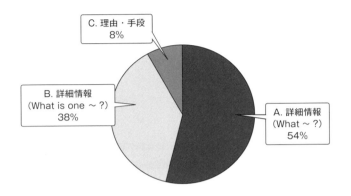

2. Part 2 の対策

　出題されるテーマが多岐にわたり、使われる語彙も高度で、パッセージも比較的長い（150 語程度）ことからリスニング問題の核をなす問題といえます。この問題に対処するには、リスニング力の前に、(1) 背景知識のインプットを増やしておくことと、(2) 英文の構成を知っておくことが重要となります。「海外事情」や一般的ではない人物や物事の「歴史」のトピックも出題されますが、多くは日ごろから見聞きする内容です。よって、新聞やニュースサイトなどを活用し、内容を理解すると同時に、気になる語彙を発音とともに確認しておくことが有益でしょう。英文構成の知識に関しては、主題文(topic sentence)と支持文(supporting sentences)からなる段落（パラグラフ）構成の理解が不可欠です。なお、Part 2 のパッセージはすべて 2 つのパラグラフから構成されています。これらの学習を通して背景知識を身につけ、パラグラフ構成を理解することはリーディングやライティングにも役に立ちます。

　パッセージとパッセージの間は約 35 秒しかありません。その間に 2 つの質問を聞き、解答用紙にマークする必要があります。ここでも素早くマークし、残った時間（数秒）で次の問題の選択肢に目を通すことが得点アップにつながります。選択肢を精読する時間はないので、使われている単語（特に名詞、動詞）をざっと確認しておくようにしましょう。

Part 3 Real-Life 形式の内容一致選択問題
1. 出題傾向
(1) トークのジャンル
　話者の存在（対面、放送）に関わらず、ある状況や場面における説明や指示を聞き取る問題が頻出します。その他は、留守番電話のメッセージ（voicemail）や自動応答電話による案内など、電話の録音内容に関する問題がしばしば出題されています。

トークのジャンル（75 トークを分析）
A. 人物による説明・指示………47 トーク
　例　レストランのウェイターの説明（14-2）
　　　キャンパスツアーのガイド（18-1）
B. 留守番電話のメッセージ………11 トーク
　例　パソコン修理業者からの留守番電話（14-1）
　　　福祉施設からの留守番電話（18-2）
C. 館内放送………9 トーク
　例　ホテルの館内放送（15-3）
　　　動物園のショーのアナウンス（18-2）
D. 自動応答電話………6 トーク
　例　処方薬局の自動応答電話（15-2）
　　　銀行のセキュリティーホットライン（17-3）
E. 交通情報………1 トーク
　例　ラジオの交通情報（14-1）

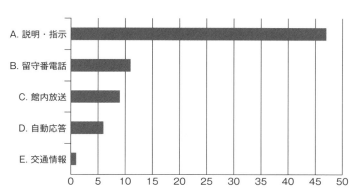

(2) 質問形式

疑問文の形式に多少の違いはありますが、すべて文字情報として与えられる状況（situation）において「あなた（と同伴者）がすべきこと」を問う質問が出題されます。

質問形式（75問を分析）

A What should you ~? の形式………56問
　例　What should you do to add the greatest value to the apartment?（18-1）
B. Which/What ~ should you ~? の形式………13問
　例　Which activity should you choose?（17-1）
　　　What number should you press?（17-3）
C. Where should you ~? の形式………4問
　例　Where should you go?（14-3）
D. Whose ~ should you ~? の形式………1問
　例　Whose course introduction should you attend?（14-1）
E. How should you ~? の形式………1問
　例　How should you get to the airport?（18-2）

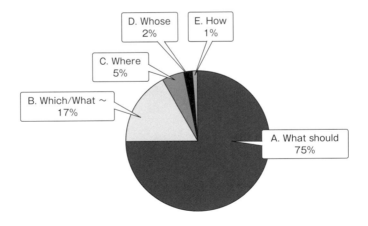

2. Part 3 の対策

効果音等を用い、実生活で遭遇する様々な場面におけるリスニングが出題されます。流れる音声についての状況（Situation）と質問（Question）が問題用紙に印刷されている点が他のPartと大きく異なります。効果音等を使った様々な場

面におけるトークが出題されますが、問題用紙には状況だけでなく、following announcement（次のアナウンス）や following instructions（次の指示）のように具体的にトークの種類が記載していることもあるので、音声が流れる前にしっかり目を通して準備しましょう。

　問われるのはすべて「あなた（と同伴者）がすべきこと」です。ほぼ全て What（なに）または Which（どの）を問う質問文で、選択肢には動詞句または名詞句が並びます。与えられた時間（10秒）で英文を速読し、余裕があれば選択肢にざっと目を通し、音声が流れ始める前に実際にその状況にいる自分を想像しましょう。館内放送なら Attention guests、説明であれば Welcome to 〜、留守番電話であれば Hi, this is 〜で始まるというように、形式やトークの流れがおおまかに決まっているものもあります。過去問を多くこなし、音声スクリプトにしっかり目を通すことでさまざまな形式を事前に学習できます。

第2章 テスト分析と対策

二次試験（面接）について

I 二次試験（面接）の内容と流れ

英検準1級の二次試験は、面接委員1人による面接形式のスピーキングテストで、すべて英語で行われます。主として4コマ漫画のような連続するイラストを見て、ストーリーを組み立て、英語で描写するナレーションと、それに関する質問に答えるQ&Aからなっています。多くの人にとって英語でのナレーションは慣れないタスクですが、合格率は1次試験より高いことから（8割程度）、事前に準備しておけば余裕をもって合格できる試験といえます。

面接（約8分間）は以下の流れに沿って行われますが、主に採点されるのはナレーション（4コマのイラストの描写）とQ&A（カード内容に関する質疑応答）です。なお、開始前のあいさつと自由会話（英語での簡単なやりとり）はアティテュード（コミュニケーションを取ろうとする積極的な姿勢）の評価対象となっています。

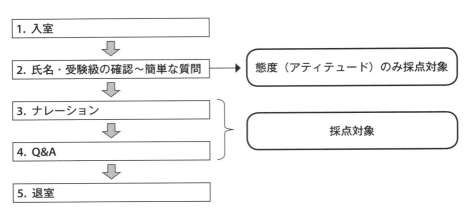

以下、各場面について詳しく見ていきます。

0. 控え室～面接室

① 係員の指示に従い控え室より面接室の前まで移動します。
② 面接室の係員に受験票と面接カードを渡します（チェック後に返却されます）。

③ 係員より名前が呼ばれるまで待機します。

1. 入室
① 係員から名前が呼ばれたら、面接室のドアをノックします。
② 面接委員からの Please come in. という指示を受け入室します。
　・ノック後に May I come in? と言う必要はないですが、発声練習のつもりで恥ずかしがらずに声に出してみましょう。
③ 入室したら、面接委員に明瞭な声で Hello. と挨拶します。
④ May I have your card, please? との指示で、面接カードを Here you are. と言いながら手渡します。
⑤ 面接委員からの Please take a seat. の指示に従い着席します。
　・着席の際は、荷物を脇（隣の椅子の上など）におきます。

2. 氏名・受験級の確認〜簡単な質問
① 面接委員から May I have your name, please? という質問や、This is the Grade Pre-1 test, OK? という確認がなされます。
② それに引き続き、会場までの交通手段や趣味・旅行といった日常的な質問がなされます。
　・試験前のウォームアップですが、アティテュード（p.51 を参照）が評価対象となります。質問には明瞭な声で誠実かつ積極的に答えるようにしましょう。

3. ナレーション
① 面接委員から「問題カード」を受け取ります。
② 面接委員の指示（You have one minute to prepare before you begin your narration.）に従い、1分間で4コマのイラストを描写（ナレーション）する準備をします。
　・カードにある指示文を読み、各コマで描かれている内容を隅々まで確認すると同時に、4コマの流れ（起承転結）をつかむようにしましょう。
③ 1分後に、面接委員から All right. Please begin your narration. You have two minutes. の指示がありますので、間をおかずにナレーションを始めます。
　・ナレーションの冒頭の英文は決まっていますので、必ず最初に読んでからナレーションを開始します。

4. Q&A
① ナレーションが終わったのを見計らって、面接委員が Now, I'm going to ask you four questions. Are you ready? とイラストのトピックに関する質問を開始します。
② 以降、計 4 つの質問について Q&A を行います。

5. 退室
① Q&A 終了後、面接委員の指示に従い「問題カード」を返却します。
② 簡単に挨拶をして退室します。

II　出題内容と分析

1. 評価基準

面接の配点は以下のように 38 点満点で、22 点が合格ラインとなっています（旺文社, 2011; 和泉, 2014）。

	形式	配点
自由会話	面接委員と簡単な会話をする	（アティテュードのみ評価）
ナレーション	4 コマのイラストを描写説明する	15 点 一貫性、内容（5 点） 発音、イントネーション（5 点） 語彙、文法、語法（5 点）
質問 No. 1	イラストに関連した質問に答える	5 点
質問 No. 2	問題カードのトピックに関連した質問に答える	5 点
質問 No. 3		5 点
質問 No. 4	問題カードのトピックにやや関連する社会性のある質問に答える	5 点
アティテュード		3 点
		38 点満点

以下では表中の評価対象項目のいくつかを詳しく見ていきましょう。

(1) ナレーション

以下の 3 つの観点から評価されますが、ポイントは「内容に一貫性があるか、

相手の理解を妨げない英語であるか」です。たとえ洗練された単語や発音、文法を用いたとしても、問題カードの理解不足によってあまり関係ない内容を話し続けてしまったりすれば、結果として高い評価にはむすびつきません。

① 一貫性、内容
一貫性とは4コマのイラスト描写における論理的なつながりのことです。4つのイラストを、繋がりを考えずに、1コマ毎に別個に描写した場合には一貫性は生まれません。時間の経過を表す語句（Two weeks later など）やつなぎ言葉（Moreover, Finally など）などを有効に使用して、起承転結の流れを明確にしましょう。その際には各コマで示される情報（文字情報、ト書き、吹き出し）を踏まえることも重要です。

② 発音、イントネーション
ナレーションでは、あくまでも相手（面接委員）に述べたい内容が十分に伝わる発音・イントネーションが求められます。発音・イントネーションにおかしな点があったとしても、内容がしっかり伝わっている場合は大きな減点にはなりません。逆にネイティブのように気取って発音してみても、結果的に内容が伝わらなければ減点対象になってしまいます。

③ 語彙、文法、語法
これらに関しても基本的にコミュニケーションの観点（面接委員に伝わるか否か）から評価されます。適切ではない語彙の使用、関係詞などの文法の誤り、動詞と一緒に用いる前置詞の誤りなどがあったとしても、相手が内容を理解する際の支障とならなければ大きく減点されることはありません。

(2) アティテュード

アティテュードは「態度・姿勢」のことですが、面接では以下の3つのポイントが評価されます。38点満点中の3点にすぎませんが、以下の点をふまえて減点されないように注意しましょう。

① 積極性
・ナレーションにおいて、相手に向けてより多くの情報を伝えようとしているか。最低限のことだけ述べて切り上げようとしていないか。
・質問が難しく答えられない場合でも、すぐに諦めるのではなく、自分の知識

や考えを最大限に伝えようと努力しているか。
- 語彙が思いつかない場合、適切な文法を使って話せない場合、自分の英語力を活用して、それらを補完しようとしているか。

② 明瞭な声量
- 相手が十分に聞き取れる声量で話しているか。
- アクセントやイントネーションが的確で、はっきりとした発音で述べているか。

③ 自然な応答
- ナレーションにおいて不必要に間があいてしまっていないか。
- 指示や質問をされた際、解答するまでに不自然な間があいていないか。

2. トピック

　4コマのイラストは、概して困った状況（現代社会において起こり得る問題）にある人物（たち）が問題にどのように対処して、結果どうなったかを表す内容になっています。「起－承－転－結」の構成ですが、「結」が必ずしもハッピーエンドではなく、残念な結果となる場合も多々あります。

　過去の分析（植田ほか 2014）によると、頻出のトピックとして「ビジネス」（例：転勤のオファー）と「教育問題」（例：子供の遊び場の問題）で、次いで「医学健康」（例：公共の場での禁煙）、「環境問題」（例：ごみ処理問題）、「政治行政」（例：交通行政）が挙げられています。その他、「家庭」（例：親子関係）、「高齢化問題」（例：退職後の仕事）、「住居問題」（例：都会と田舎の暮らし）、「旅行観光」（例：国際交流）と続きますが、すべて高度な前提知識を必要としない日常的で身近なトピックと言えます。しかしながら、Q&Aでは自分の意見を論理的に説明する質問が問われます。よって、常日頃から自分はどう考えるか（賛成または反対）を意識しつつニュースを見聞きするようにしましょう。なお、面接委員は受験者の面接カードや冒頭の自由会話の内容を踏まえた上で、より受験者に適しているイラストを選択しますので、例えば学生に「定年退職後の仕事」についての問題カードを提示することはありません。

　以下は 2015 年度～ 2018 年度の二次試験で出題された4コマイラストのトピック例です。「政治・行政」や「ビジネス」に関するトピックの出題頻度が高いですが、これらは概して「発端となる出来事」→「提案や対策」→「（良い）結果」→「（望

ましくない）オチ」という流れになっています。

政治・行政
・鉄道路線廃止による運賃値上げ
・ショッピングモールの建設
・発電所の新規建設
・選挙候補者の応援
・万博誘致のためのモノレール建設

ビジネス
・ホテルの経費削減プラン
・プール来場者の増加プラン
・美術館の集客プラン
・ホテルの補強工事

家庭・個人
・子供の誕生日プレゼント購入
・個人の株式投資
・フードトラックビジネスの開始

高齢化・少子化問題
・お年寄り向け食料品配達サービス
・社内保育所の設置

教育問題
・子供のスマートフォン使用
・子供の早期教育

住居問題
・都会から田舎への転居
・私有地の利用方法

旅行観光
・観光客の誘致
・漁業からホエールウオッチングへの転換

医学健康
・ダイエット用サプリメントの影響

環境問題
・クリーンエネルギーのための森林伐採

---

3. 質問

Q&Aではナレーションに関する4つの質問が問われますが、概して以下の3つのタイプがあり、それぞれの質問形式も決まっています。

(1) イラストに関連した質問（No. 1）

質問No.1はイラストの1コマに関する内容で、必ずPlease look at the ～ picture.（～番目の写真を見てください）という指示から始まります。単にイラストに描かれている事柄を問われるのではなく、登場人物について以下のような仮定法（もし～ならば）を用いた質問がなされます。

- If you were the woman, what would you be thinking?
  （もしあなたがその女性ならば、何を考えているでしょうか）
- If you were the father, what would you be thinking?
  （もしあなたがこの父親なら、何を考えているでしょうか）

　would you be thinking（考えている）の形で問われているので、答える際は必ず I'd (= would) be thinking ～（私は～と考えているでしょう）から始めましょう。自分の考えを述べるだけなので、形式に気を付ければ比較的容易な質問といえます。

(2) 問題カードのトピックに関連した質問（No. 2 と No. 3）

　質問 No.2 と No.3 は、イラストで示されているトピック（テーマ）に関するものです。直前に Please turn over the card and put it down.（カードを裏返して置いてください）と指示されます。質問は以下のように必ず Yes/No を問うものですが、単に Yes/No を答えるだけでは高得点（各 3 点以上）を取ることはできません。

- Do you think that public museums should be free of charge for everyone?
  （公立美術館は誰でも入場無料にするべきだと思いますか）
- Should companies do more to reduce the amount of energy that they use?
  （企業は使用するエネルギーを削減するためにもっと多くのことを行うべきですか）
- Have computers had a positive effect on school education?
  （コンピュータは学校教育に良い影響を与えているでしょうか）

　質問文は現在形（一般動詞、be 動詞）、過去形（be 動詞）、助動詞、現在完了形などの形式で出題されますが、基本的に答え方は同じです。まず Yes または No と、質問文の内容に賛成か反対かを述べ、その後で自分がそのように考える理由や意見を 3 文程度で述べます。

(3) 問題カードのトピックにやや関連する社会性のある質問（No. 4）

　質問 No.2 や No.3 と同様の質問形式（以下）で問われる質問ですが、最後の質問ではより幅広い社会的な内容が問われます。

・Can sports help bring different nations closer together?
（スポーツによってさまざまな国がより身近になることはできるでしょうか）
・Should the government raise taxes in order to improve public services?
（公共サービスを改善するために政府は増税すべきだと思いますか）
・Do you think that the media has too much influence on people's opinions?
（マスコミは人々に意見に影響を与えすぎていると思いますか）

　No.4 についてはある程度の背景知識や専門知識、可能であればそれに基づく事実（fact）を交えての回答が求められます。より詳しい対策法および学習法については第 3 章で解説します。

第3章
学習法を学ぶ

英検準1級対策に効果的な学習方法を紹介します。
実践例として【練習問題】を用意しました。
学習方法を具体的に体感して、
持続的な学習につなげましょう。

第3章 学習法を学ぶ

語彙・読解編

ここでは準1級で求められるレベルの語彙・読解力をつけるための学習法を紹介します。

> **はじめに●語彙と読解**
>
> 英検準1級の大問1は主として語彙問題、大問2、大問3は読解問題にあたりますが、語彙と読解を切り離して学ぶのは得策ではありません。多くの研究者が指摘しているように、語彙は多くの読みを通して最も自然に獲得することができ、またそのようにして覚えた表現は次の読解ですぐに役立つ生きた語彙知識になります。また、大問1は高い語彙知識を求められるとはいえ、正解するには前後の文脈から空欄に当てはまる語を特定せねばならず、読解問題の側面を備えています。以下では読解・リーディングを話題の軸にしつつ、随時、語彙学習に触れます。特にⅢのボトムアップリーディングは、語彙の話が中心です。

Ⅰ 「相互作用」的な読み

読解、読んで理解する、という行為には、文字・語彙といった細かい単位から意味を構築していくボトムアップ的な読みと、背景知識や文章の構造から積極的に内容を推測していくトップダウン的な読みが同時に「相互作用」的に関わると考えられています。2つの読み方をマスターし、課題に応じて柔軟に活用しましょう。自分にとって易しい文章を読む場合は、ボトムアップの処理が容易に行われ、さほど苦労せずに読むことができます。一方で語彙レベルが自分の知識を超えている場合、当然ボトムアップな読みがままならず、トップダウン読みの比重が高まります。英検準1級以上のレベルの文章の場合、文章中に知らない語句が複数含まれるのが普通だと思います。かといって試験中に辞書を引くわけにもいきませんから、やはりトップダウン的な読みの割合が高まると思われます。ですから、日頃から自分にとって少し難しめな文章を読んで練習すると良いでしょう。もちろん書いてある内容をしっかり読むこと（＝ボトムアップ読み）は、特に大問1や3において重要ですから、そのために語彙・語法・構文の知識を増やす努力も続けましょう。読解はあくまで「相互作用」、両方の読み方をバランス良く鍛え

るのが合格への道です。

II トップダウンリーディングのすすめ

　私たちのトップダウン読みを支える知識（専門用語でスキーマ schema と言います）には、内容に関わるものと形式に関わるものがあります。

1. 内容に関わる知識

　　読解を支える知識のうち、文章のトピックや内容に関するものは「内容スキーマ」と呼ばれます。「何が書いてあるか」ではなく「何について書いてあるか」を意識した場合に活性化する、関連知識全般がこれにあたります。例えば whale（クジラ）について書かれた文章を読む際には、「最大の哺乳類」「鼻から潮を吹く」「日本のクジラ漁に対する非難」「まるで歌うようにメロディーを出して会話をする」「日本の文楽人形にはクジラのヒゲが使われる」などといった知識が浮かぶかもしれません。こういった知識があればあるほど、筆者の意図をくみとることや、未知語の意味の推測が容易になり、読解のスピードと理解が高まります。

2. 内容スキーマの蓄え方

　　英文読解に役立つ内容知識を蓄えておくためには、幅広く読み、読んだ内容を次に活かすという姿勢が欠かせません。英検準1級では社会・文化や歴史、科学技術、医療と健康、自然と環境などが多く取り上げられます。地域的にはアメリカを主として英語圏の内容が多いです。日頃からこれらの題材に親しむようにするのが良いですし、そういった意味では英検準1級の過去問や対策問題集が一番の教材と言えます。また、特に大問3では近年の時事的な関心ごとが取り上げられることが多いですから、新聞やニュースにも目を光らせておきましょう。英字新聞や TIME 等の雑誌、CNN や BBC といった英語圏のニュースのウェブ版に目を通すだけで、何が話題になっているか、どんな発見や開発が報告されているかといったことが分かります。こういった流し読みは、見出しから内容を推測したり、未知語を推測する練習にもなるためお勧めです。また様々な分野の第一人者によるプレゼンスピーチを配信する TED も良い情報源になります。これらが少し難しすぎると感じる方は、学生向けの CNN 10 や BBC の 6 Minute English といった Podcast を試してみてはどうでしょうか。

これらの Podcast は学習者向けに短く簡易化されたものが多く、背景知識をためつつリスニング力もついて一石二鳥です。

練習問題 1

以下は実際に英検準1級で題材になった例です。それぞれについて自分が何を知っているかを考えましょう。その後に、実際に取り上げられた出題文のアウトラインを見ましょう。（あくまでも知識を活性化させることが狙いですから、正解はありません。）

① Small pox（天然痘）（2015年度第2回）

-
-
-
-
-

出題文のアウトライン 冒頭で「人類の長年の大敵」「ウイルスによる」「発疹、痛み、熱を伴い、高い致死率」といった病気の特徴に触れたのち、1796年に偶然ワクチンが発見されたこと、その後撲滅に至るまでの経緯が述べられます。
➡ 1796年ジェンナーによる牛痘ワクチン発見、1805年ナポレオンが全軍にワクチン投与、1955年日本で根絶、1958以降 WHO による世界規模の根絶運動、1980年完全撲滅宣言といった具体的知識とまではいかなくとも、「中世近代に大流行していた病」というイメージがあれば読みやすい内容になっています。

② Braille（点字）（2013年度第3回）

-
-
-
-
-

出題文のアウトライン 冒頭で点字の有用性に関して議論が行われていることが指摘されます。第2、3段落はそれぞれ「点字本の価格の高さ」「コンピュータのテキ

スト読み上げ機能によって点字が不要になっている」といった点字のデメリットを紹介し、最終段落はそれに対する反論として「点字を読めない視覚障害者の作文能力の低さ」を指摘する専門家の声を紹介します。
➡点字を指す Braille という語を知らなくても冒頭の説明で理解できますが、知っているとより自信を持って読めるでしょう。広く用いられているものだけに、「近年は有用性に賛否両論ある」という知識の有無が読みやすさを左右します。

練習問題 2

実際のタイトル例から、内容を推測してみましょう。（練習問題 1 同様に正解はありません。）

① The Miracle Bean（奇跡の豆）（2013 年度第 3 回）

出題文のアウトライン　導入で大豆が合衆国の主要な農産物になっていることが述べられます。近年栄養的側面から、食糧不足の解消及び健康面の利点により「奇跡の農作物」と呼ばれる大豆ですが、南米パラグアイでは失業者を増やすという悪影響を及ぼしていることが指摘されます。
➡「豆」がいかなる意味で miracle なのかが述べられる文章だと推測。冒頭で「大豆」のことだと分かると中盤の内容も予想がつくはず。

② Green Cement（緑のセメント）（2012 年度第 3 回）

出題文のアウトライン　中国やインドの成長により、建設材としてのセメントの生産量が増えている中、その生成が地球温暖化につながらないような新たなセメントの開発が求められています。文中では新たなセメント候補としてカレーラ社製のものが紹介され、その製法を支持しない立場の主張と、支持派による主張が述べられます。
➡ Green に「エコ」の意味があると分かれば、環境に優しいセメントのことだと

推測できます。「緑色のセメント」と字義通り解釈したとしても、冒頭で CO2 や greenhouse effect といった語句から修正できれば大丈夫。

3. 形式に関わる知識

　より英文読解に特化した知識は「形式スキーマ」と呼ばれ、英語独特の語彙構成や文法規則、情報の並べ方、パラグラフや文章の構成パターンに関する知識などを含みます。特に、パラグラフの構成に関わる知識は、英検準1級の読解問題を解く上で重要です。そのような知識を頼りに文章の構成を意識して読むやり方は、パラグラフリーディングと呼ばれます。パラグラフリーディングについては様々な教本が存在しますが、簡単にまとめれば次の①〜④を意識して読むことになります。①タイトルや冒頭部分から「主題」を把握する。②各段落では、中心となる「トピックセンテンス」とそれを具体的に補足説明する「支持文」を区別する。③ディスコースマーカーをヒントに文と文、段落と段落の間のつながりをくみとる。④「主張→根拠」「比較・対照」「概要→詳細」などといった文章全体の構成を考える。

4. 形式スキーマの蓄え方

　形式スキーマとはすなわち英語という言語の構造や文章構成に関する知識ですから、英語について知れば知るほどその量は増えます。そして、内容に左右されない英文一般のルールという意味で、形式スキーマは内容スキーマ以上に役に立つものかもしれません。発音と綴り、語彙の構成と意味、文法ルールといった比較的細かい規則については、多くの人が自分なりに学び、理解していることでしょう。ここではパラグラフリーディングを使いこなすために、習慣的に行うべきことを考えます。

　まず第一に、典型的な段落構成に慣れ親しむためには、短い良文をたくさん読むことをお勧めします。そのような文では、トピックセンテンスと支持文の区別が明確で、ディスコースマーカーもセオリー通りの使われ方がされています。「パラグラフリーディングのストラテジー」シリーズ（河合出版）や「現代を読む」シリーズ（いいずな書店）といった良質の文章が集められた教材もありますが、何よりも英検準1級の問題2が最良の教材です。そして文章を読む際には、前項の①〜④に挙げた点を意識しましょう。「トピックセンテンスは段落頭が多いが、段落末の場合もある」「譲歩の1文をおいて2文目のこともある」「however, yet などの逆接の後はトピックセンテンス」「具体例の前は

トピックセンテンス」といった典型的な流れが腑に落ちるまでやりましょう。

　次に、問題3に見られるような3段落以上の長文に進んでいきます。一般的な大学入試長文もそれぐらいの長さなのですが、入試は選抜試験という側面上、あえて悪文が取り上げられることがあり要注意です。やはり、英検の過去問や対策問題を活用するのが近道でしょう。その際には1段落ごとの構成に加えて、各段落が全体において果たす役割を意識することが大切です。ほとんどの英文は「主題の導入」「詳細な内容」「結論」という作りになっていますが、中には「2つの事柄の対比」「時間軸に沿った解説」「根拠や具体例の列挙」といった独特の構成を取るものもあります。いずれにせよパターンは限られているので、ある程度数をこなせば「これはこのタイプ」と見切れるようになってきます。

　とにかく大切なのは悪文を避けること。典型的な流れをあえて崩したような文章は、パラグラフリーディングの練習には向きません。また、英検準1級の文章はほぼ間違いなく論説文のため、対策という意味では、物語や随筆文よりも、雑学などを取り上げた小論的なものが良いでしょう。新聞の記事の冒頭を数パラグラフだけ読むのも良いトレーニングになります（詳細に入る前に要点がまとめられていることが多いため）。

練習問題3

以下はHalf模試Aからの抜粋です。トピックセンテンスを指摘しましょう。

① 　　A key idea behind universities is academic freedom. Academic freedom means that scholars should be free from persecution to study what they want and to teach and publish writings without political interference. The idea was first expressed in the academic charter of the University of Bologna, the world's oldest continuing university. The document, called the Constitutio Habita, was adopted in 1155 and makes clear that scholars should be able to study and teach without harassment. 　　　　　　　　　　(Half模試A 問題3-1)

② 　　Officially, the space race began in 1955 when the U.S. and Soviet Union announced intentions to launch satellites into space for the first time. However, it could be argued that the race really started with the surprising 1957 launch of Sputnik by the Soviet Union. Sputnik was the first man-made object in space and it could be seen and heard all over the world.

(Half模試A 問題3-2)　●解答は別冊 p.28

練習問題 4

以下は Half 模試 A からの抜粋です。空欄に入るディスコースマーカーを選びましょう。

①   The space race between the U.S. and the Soviet Union was not just a race to see which country could go into space or send men to the moon first. For the two countries, it was also a race to prove which country was better. It was a race to prove which country had the better technology, science, and even political system. (　　) the race was competitive rather than cooperative, for humanity it had the positive effect of advancing the understanding and exploration of space.

(Half 模試 A 問題 3-1)

1 Since   **2** Even if   **3** Although   **4** Despite

②   Academic freedom is so important to universities that in 1988 a document reaffirming the idea was proposed by the University of Bologna. It is called the Magna Charta Universitatum and today it has been signed by almost 800 universities around the world. One of the ways universities protect academic freedom is by offering professors tenure. Tenure means a professor may only be fired for professional misconduct, not for his or her opinions or academic interests. (　　), there are some limitations. Generally, professors are expected to stay within the subject of their courses and refrain from strongly promoting a specific political or religious agenda.

(Half 模試 A 問題 3-1)

1 Therefore   **2** Similarly   **3** As a result   **4** However

●解答は別冊 p.28

Ⅲ　ボトムアップリーディングの押さえどころ

先にトップダウンリーディングを取り上げましたが、実際に「そこに書かれてあること」を抜きにして、推測だけで文章を読むというのは不可能です。「分からない部分を補う」のが推測の役割であり、「分からないところを少なくする」努力もまた欠かせません。

1. 語彙知識

　　語彙と読解に関する諸研究からは、文中の未知語の数が 5% を超えると（2% という説もあります）自力で読むことはほぼ不可能ということが言われています。ある程度はトップダウンの読みで補ったとしても、やはり一定の語彙知識は必須です。ちなみに準 1 級では、大問 1 の語彙選択問題に対し、大問 2, 3 の読解に含まれる語彙のレベルはやや下がり、一部の専門用語を除けば、高校の授業でも習うような表現がほとんどです。ただし transparency（透明さ）が、「意思決定の過程が外にも見えて不正がない」という意味での「（組織の）透明性」の意味で使われるなど、文脈に依存した特殊な意味には注意が必要です。また、cook up（でっち上げる）、water down（主張を弱める）など熟語も要注意です。

　　英検準 1 級に対応した単語集は多く存在します。レベルを実感し、既知語と未知語の割合がどれくらいかを知る意味で、そういった単語集を 1 冊通読すると良いでしょう。ただし、単語集はあくまでもチェックリスト、それだけで使える語彙が増えるということはあまり期待できません。読解問題に挑戦する中で、知らない表現を調べては覚え、まずは問題 2, 3 の文中の表現が 9 割以上分かるというレベルを目指しましょう。なお、単語集の中には、読みながら単語を覚えることを狙った『文で覚える単熟語（旺文社）』というシリーズもあります。

2. 音読・発音の重要性

　　すでに実践している方も多くいると思いますが、語彙・読解において「音」を意識して、「声に出して読む」ということは大変有益かつ重要です。言語習得の研究からは、音読が日本人学習者の英文理解や記憶を助けるのみならず、語彙・文法といった知識を増やす効果もあることが分かっています。一方で滑らかに音読するためには常に先を予測することが必要なため、語と語の連結（コロケーション）や次にくる内容を推測しながら読むという、トップダウン的な読みも促進されます。音読はまさに、ボトムアップとトップダウンを同時に鍛えるお得な学習法と言えます。

　　音読のやり方にもいろいろあり、まんべんなくやろうとするときりがないかもしれません。最もお勧めしたいのは、読解問題を解いた後、本文中の分からなかった表現は辞書や和訳で確認したのち、意味に意識を集中しながら、なめらかに読めるようになるまで何度も朗読するというやり方です。実践してみれば、例えば夜に音読した内容の一部が翌朝頭に浮かんでくる、といった具合にすぐ

語彙・読解編

に効果が実感できるはずです。

　単語レベルでの発音やアクセントについても、準1級に出そうな語彙についてはなるべく正確に練習しておきましょう。例えば問題1では illicit（不正の）、illogical（非論理的）、illiterate（読み書きできない）といった形のよく似た語が選択肢に並ぶことがあります。綴りにしたがって細かいところまで正確に発音する癖がついていないと、どれがどれだか分からなくなりそうです。

3. 辞書・語彙ノート・カードの活用

　準1級に対応するだけの語彙・読解力をつけるために、辞書の活用は欠かせません（すでにほぼ100％読めるという人は別ですが）。未知語を後の既知語にしていくためということもありますが、前述のように準1級では専門用語や、特定の文脈において特殊な意味を持つ多義語が登場します。本番は別として、学習段階では疑問を持ったら直後に調べるという癖をつけましょう。その際は Genius、Wisdom といった中辞典以上のサイズで、なるべく説明の詳しいものが望ましいです。また、引いた箇所に痕跡を残すために下線や付箋をつけましょう。

　さらにやれるという人は、独自の語彙ノートやカードを作成しましょう。後で見返しやすいだけでなく、書くということからの学習効果、達成感によるやる気の継続効果などが期待できます。

練習問題5

以下は Half 模試 A からの抜粋です。自分が知らないと思う語に印をつけて、その数を数えましょう。

① 　　The space race between the U.S. and the Soviet Union was not just a race to see which country could go into space or send men to the moon first. For the two countries, it was also a race to prove which country was better. It was a race to prove which country had the better technology, science, and even political system. Although the race was competitive rather than cooperative, for humanity it had the positive effect of advancing the understanding and exploration of space.

（Half 模試 A 問題 3-2）

未知の単語メモ：_____
_____(　　 words)

② 　A key idea behind universities is academic freedom. Academic freedom means that scholars should be free from persecution to study what they want and to teach and publish writings without political interference. The idea was first expressed in the academic charter of the University of Bologna, the world's oldest continuing university. The document, called the Constitutio Habita, was adopted in 1155 and makes clear that scholars should be able to study and teach without harassment. 　　　　　(Half 模試 A 問題 3-1)

未知の単語メモ：_____
_____(　　 words)

練習問題 6

以下は Half 模試 A からの抜粋です。下線語の文中での意味を説明しましょう。（いずれも日本語に訳しにくく、カタカナで言う人が多い語です。）

　One of the ways universities protect academic freedom is by offering professors ① tenure. Tenure means a professor may only be fired for professional misconduct, not for his or her opinions or academic interests. However, there are some limitations. Generally, professors are expected to stay within the subject of their courses and refrain from strongly promoting a specific political or religious ② agenda. 　　　　　(Half 模試 A 問題 3-1)

●解答は別冊 p.28

練習問題 7

以下の熟語の意味を答えましょう。いずれも Half 模試 A に登場しています。
① tear down 　　　　_____
② measure up 　　　_____
③ be carried away 　_____
④ pitch in 　　　　　_____

●解答は別冊 p.29

練習問題 8

形や意味の紛らわしい語を並べました。日本語の意味に合うものを 1 つ選びましょう。

① 再生・繁殖する
  1. relocate   2. replace   3. reconcile   4. reproduce

② 在庫目録
  1. ingredient   2. incentive   3. inventry   4. intention

③ 迂回路
  1. detour   2. decoy   3. decline   4. debris

④ 制裁措置・認可
  1. sacrifice   2. scheme   3. sanitation   4. sanction

●解答は別冊 p.29

Ⅳ 準 1 級の語彙・読解問題を攻略する

ここまでは英検準 1 級に求められる語彙・読解の力を念頭に、日々の学習で意識するべきことをとりあげました。ここからはより具体的に、問題 1 ～ 3 を攻略するためのテクニックを見ながら、練習問題に挑戦しましょう。（なお、各問題の形式と傾向、および一般的な対策については第 2 章にまとまっています。）

1. 大問 1 攻略のためのテクニック

(1) 文脈をヒントにする

問題 1 は読解問題の側面を備え、内容に意味的に合致する語が正解になります。選択肢よりもまず、本文をよく読んで理解しましょう。

練習問題 9

以下は Half 模試 A 問題 1 からの抜粋です。文脈から空欄に入るべき内容を考えましょう。

① Although Cindy chose to quit her job when she had a baby five years ago, she is now thinking about (　　　　) her career.

② It is hard to put forward your opinions during a discussion if you are unprepared and have only a (　　　　) understanding of the topic.

③ *A:* Honey, do you think I am (　　　　) our kids? Dad says I'm spoiling them.

　B: Don't worry, Ann. He just has a different view about raising children. You're a good mom.

●解答は別冊 p.29

(2) 語の構成をヒントにする

　大問1は語彙レベルが高く、選択肢中に知らない語が並ぶこともありえます。その際には派生語、接辞といった語の構成に目を向けましょう。

練習問題 10

以下の語を細かい構成要素に分析しましょう。また派生語を1つ以上答えましょう。

例） comprehensible

　　→ comprehend 理解する、ible 可能

　　（comprehend 動詞、comprehension 名詞、comprehensive 形容詞、incomprehensible 反意語）

① extraordinarily
② rationalization
③ disrespectful
④ interchangeable
⑤ conservatism

●解答は別冊 p.29

(3) 前後の語句とのつながりをヒントにする

　大問1は空欄前後の語句との組み合わせで答えがわかる場合もあります。語法、イディオム、コロケーションといった語句のつながりに注意しましょう。

練習問題 11

1文字目をヒントに、空欄に入るべき語を答えましょう。

① (c　　　　) a vote　　　　　　票を投じる

語彙・読解編　69

② on the (v　　　) of bankruptcy　　倒産寸前
③ (r　　　) to answer　　　　　　　回答を拒否する
④ (r　　　) cultural differences　　　文化の違いを調和させる
⑤ be (a　　　) of lying　　　　　　嘘をついたと非難される

●解答は別冊 p.29

2. 大問 2 ＆大問 3 攻略のためのテクニック

(1) タイトルとキーワードから主題を特定する

　大問 2、3 共通のテクニックです。「何についての文章か」をつかむことで読解がぐんと楽になります。

練習問題 12

以下のタイトルとキーワードから内容を推測しましょう。

> タイトル：Whale and Dolphin Watching
> キーワード：popularity（人気）, tours（ツアー）, concern（懸念）, local population（現地の生息数）, authorities（当局）, regulations（規制）

(2015 年度第 1 回より)

●解答は別冊 p.29

(2) ディスコースマーカーに注目する

　形式スキーマの項でも述べましたが、文章の流れを整理するディスコースマーカーは、読解の大きなヒントになります。例えば however, yet といった「逆接」のディスコースマーカーは、文章や段落の後半に主要な情報やトピックセンテンスを置くために使われます。とりわけ大問 2 では、各文章に対して 1 題はディスコースマーカーが問われることが多く、重要です。

練習問題 13

以下の抜粋を読み、空欄に入るディスコースマーカーを 1 つ以上答えましょう。
From this point the Americans and Soviets traded achievements in space. Soviet cosmonaut Alexey Leonov became the first man to walk in space in 1965. (　　　), in the following year the Americans performed the first successful docking of two spaceships.　　(Half 模試 A 問題 3-2)

●解答は別冊 p.30

(3) 言い換えに注意する

　文章では先に述べられた内容が、代名詞や冠詞 the、派生語などを使って言い換えられます。また大問 3 では設問や選択肢における言い換えにも注意しましょう。

練習問題 14

以下の抜粋を読み、下線部がそれぞれ前述の何の言い換えかを答えましょう。

① The largest Rai were the size of a small car and weighed up to 4,000 kilograms. Money of this weight is difficult to move.　　（Half 模試 A 問題 2）

② Academic freedom is so important to universities that in 1988 a document reaffirming the idea was proposed by the University of Bologna.
　　　　　　　　　　　　　　　　　　　　　　　　（Half 模試 A 問題 3-1）

③ On July 20, 1969, the US reached this goal when Neil Armstrong and Buzz Aldrin became the first men to successfully land on the moon. This achievement would mark the peak of the space race.　（Half 模試 A 問題 3-2）

●解答は別冊 p.30

(4) 設問をヒントにする

　大問 3 では設問に先に目を通すことで、内容を予測することが可能です。ただし先読みするのはあくまでも設問だけにしましょう。選択肢は誤答を含むため、先に読むと惑わされます。

練習問題 15

以下は実際の大問 3 の設問例です。本文の内容を推測しましょう。

① 1. What was one complaint that Costa Rica made against Nicaragua?
　 2. Nicaragua claimed that a road being built by Costa Rica along the San Juan River ...
　 3. What is one reason the International Court of Justice ruled in favor of Costa Rica?

2016 年度第 3 回（The Costa Rica-Nicaragua Border Dispute）

② 1. What is true of orthorexia?
2. According to the author of the passage, what is one possible reason children are at risk for orthorexia?
3. Why do some people feel orthorexia should have its own classification as an eating disorder?
4. What point regarding orthorexia sufferes is supported by Dir. Steven Bratman's comment?

2017 年度第 1 回（Orthorexia）
●解答例は別冊 p.30

まとめ

準1級問題1〜3、語彙と読解問題に対応する力をつけるための学習法をまとめました。前半では主に日頃の学習で、後半では具体的に準1級の問題を解く際に重要なことを扱いました。これらは準1級の合格のみを目指したものではなく、同時にその先にある英語力の強化、英語教師としての向上を目指した内容になっています。紙面の都合もあり、「これだけは」という内容のみをとりあげていますが、さらに追求したいという方は、各自の興味に従って以下の参考図書を手にとってみてください。

おすすめ参考図書（語彙・読解学習編）

- 和泉有香『図解でわかる！はじめての英検準1級総合対策』アスク（2016）
  実例付きでたいへんわかりやすい対策本です。初めて受験する方におすすめ。
- 卯城祐司『英語リーディングの科学：「読めたつもり」の謎を解く』研究社（2009）
  そもそも読解とは何なのか、について分かりやすくまとめられています。そのようなことが気になる方向け。
- 旺文社（編）『英検準1級　文で覚える単熟語』旺文社（2013）
  テーマ別の文章を読み、その中に登場する単語熟語を覚えるスタイルが特長。大問1, 2, 3のための学習が一度にできるという意味で効率的です。
- 旺文社（編）『英検準1級総合対策教本』旺文社（2016）
  対策本の王道。ただ英検に備えるだけでなく、満遍なく英語力が強化できるような内容になっています。

- 旺文社（編）『英検分野別ターゲット：英検準1級リーディング問題』旺文社（2018）

  英検のリーディング問題だけに集中的に取り組みたい人向けです。

- 門田修平・野呂忠司（編著）『英語リーディングの認知メカニズム』くろしお出版（2003）

  読解について理論から詳しく学びたいという方におすすめします。

- 島田浩史・米山達郎・福崎伍郎『パラグラフリーディングのストラテジー (1) 読み方・解き方編』合出版（2005）

  ディスコースマーカーに着目する読解のテキストで、シリーズ化されています。

- ジャパンタイムズ（編）『ジャパンタイムズ社説集：2018年下半期』ジャパンタイムズ（2019）

  半年毎に発行される社説集。時事問題についてまとめ読みすることで、背景知識（トップダウン）と語彙（ボトムアップ）の両方を強化することができます。

- 辰巳友昭『英検準1級をひとつひとつわかりやすく。』学研プラス（2018）

  手前味噌ですが、「中高生でもとりくめる」を目指して書きました。他の対策本が難しく感じる方は、これから始めてみてください。

- Kidder, D. S. & Oppenheim, N. D. *The Intellectual Devotional: Revive Your Mind, Complete Your Education, and Roam Confidently with the Cultured Class*, Rodale Books (2006)

  日課のように毎日少しずつ教養を深める形式の人気シリーズです。日本語版も出ていますが、英語で読めば語彙・読解力と背景知識を同時に強化できます。

- Nation, P. *Learning Vocabulary in Another Language*, Cambridge (2001)

  語彙習得について理論から学びたいという方は、まずここから。2013年に改訂版が出ています。

- Williams, J. *50 Facts That Should Change the World*, Icon (2007)

  普通に生活しているだけでは見えてこないような50の事実。それぞれ数ページと短く、非常にわかりやすく書かれていて、背景知識の強化に役立ちます。

第3章 学習法を学ぶ
リスニング編

> **はじめに●リスニング編**
>
> 　準1級のリスニングでは純粋なリスニング力（聴き取る力）だけではなく、質問文や Situation を速読（スキミング）する力も問われます。また、選択肢からリスニング内容を予測することも限られた時間内で得点アップを図るには有効な手段です。ここでは、まずパート毎に求められる速読力と推測力について例題を通して確認します。その後、一般的なリスニング学習法の概観してから、パート別に有効なリスニング学習法について、練習問題を通して学習しましょう。

I　リスニングで求められる速読力と推測力

　リスニング問題には3つのパートが含まれます。どのパートも質問の答えを含む選択肢4つはテスト冊子に印刷されています。各問題の解答時間（質問文と次の問題までの間隔）は約10秒で、この間に選択肢4つ（Part 3 はその他の文字情報も）を速読し、解答用紙にマークしなければなりません。各選択肢は3語〜10語程度ですが、以下のように10秒間（指示文が流れる1問目以外）で4つの選択肢に素早く目を通し、意味を理解し、正解を選ぶという速読力が不可欠です。

A.

　（質問文が流れる）→ 選択肢4つに目を通す→意味を理解

　→ 正解を選ぶ → 解答用紙にマーク → （次の問題の英文が流れる）

　上記 A は正統な回答手順ですが、正解率を上げるためにはリスニング音声が流れる前に B のような選択肢の先読みが必要になります。

B.

　（質問文が流れる）→ 選択肢をもう一度ざっと確認（速読）→ 正解を選ぶ

　→ 解答用紙にマーク → 次の問題の選択肢4つに目を通す（速読）

　→（次の問題の英文が流れる）

先読みせずに音声で流れる対話文やパッセージの詳細情報を聞きながら記憶し、質問文が流れるまで覚えておくのは、記憶（短期記憶）にかなりの負担がかかります。選択肢の先読みは (1) 対話・パッセージ内容の推測、(2) 質問文形式の予測、(3) 音声で流れる語彙や固有名詞の事前確認に有効です。文字情報を確認することでリスニングの負担が減り、質問文形式が予測でき、聞き取るべきポイントをしぼることができます。以下は Part 1 の選択肢ですが、読み取る箇所と推測できる事柄について図示したものです。

以下、パートごとに音声が流れる前に行うべき作業について見ていきましょう。

Part 1（会話の内容一致選択問題）

　Part 1 の選択肢は短めなので、選択肢から質問形式を予測し、事前に解答に必要な情報に耳を傾けることができます。Part 1 ではすべて What ～？（何を～？）形式の質問文で、残りは Why ～？（なぜ～？なんのために～？）という理由や目的を聞く質問文が出題されますが、以下のような選択肢のセットが出題されています。

(1) 動詞句が並ぶ問題

1　**Buy** a new grill at a store near his house.
2　**Cook** something she is used to.

3 **Test out** all the features of her new grill.
4 **Invite** him over for dinner.

　すべて動詞の原形から始まる選択肢ですが、命令文ではなく「～（する）こと」といった意味です。このような選択肢については話者の行動を尋ねる質問が流れます。話者が今後行う予定、未来の行動について尋ねる質問も頻出しますので、対話文がどのように終わるかにも注意しましょう。以下は質問文の例です。

・What did the man advise the woman to do?
・What does she offer to do?
・What will man do?

(2) 不定詞（To ～）が並ぶ質問

1 **To understand** the lecture.
2 **To find** some information.
3 **To discuss** the topic.
4 **To explain** his idea.

　「To + 動詞の原形」の不定詞ですが、概して以下のような目的を尋ねる副詞用法（～するため）が解答になる質問文が流れます。

・Why did the woman call the man?
・Why did the man contact the travel agent?
・Why does he plan to attend the seminar?

(3) 完全な文が並ぶ選択肢

1 She wants a room close to the hotel restaurant.
2 She has difficulty falling asleep on the first floor.
3 She wants a room with a good view.
4 She doesn't want to be too close to the pool

S + V の要素が揃った完全な文が並ぶ選択肢のセットです。4つの選択肢の主語が同じ場合、または異なる場合がありますが、What ～？や Why ～？の答えとなる選択肢です（文頭の Because は省略されます）。事前に質問形式を予測するのは難しいので、先読みでは「主語＋動詞」の部分だけに目を通しておき、「誰が」「何をする・した」に焦点をしぼって聞き取るようにしましょう。以下は質問文の例です。

・What is the man's problem?
・What do they conclude from the announcement?
・Why is the woman concerned?

練習問題 1 — 疑問詞（質問文）の推測

　以下は Part 1 の選択肢セットです。各セット 3 秒で見て、質問文の疑問詞が What か Why、またはどちらの可能性もあるのかを考え、（　　　）に疑問詞を書いてみましょう。

① 　1　Get new tires before their summer trip.
　　2　Exchange the old tires right away.
　　3　Buy new tires at an auto garage.
　　4　Order new tires for their new car.
　　　　　予測される質問文の疑問詞 → （　　　　　　　　　）～？

② 　1　His favorite band is going to perform.
　　2　He wants to promote local food there.
　　3　He is a big fan of jazz music.
　　4　He doesn't have to pay for the event.
　　　　　予測される質問文の疑問詞 → （　　　　　　　　　）～？

●解答は別冊 p.30

Part 2（文章の内容一致選択問題）

　Part 2 では各パッセージに設問が 2 つあります。出題される質問文は Part 1 同様、ほぼすべて What ～？（何を～？）の形式ですが、テーマ性のあるパッセー

ジから詳細情報を聞き取る質問のみなので、質問形式からリスニングポイントをしぼるのはあまり意味がありません。各選択肢は Part 1 とくらべて語数が多く、より高度な速読力が求められます。ただし、選択肢が長いということはそれだけ語彙においてリスニングのヒントが多いと言えるでしょう。

　Part 2 のリスニングパッセージは必ず 2 つの段落（パラグラフ）から構成されていますが、1 つ目の「質問文＋選択肢」セットはパラグラフ前半、2 つ目のセットはパラグラフ後半の内容に関するものです。ここでは選択肢を速読して、語彙のヒントからリスニング内容を予測する練習をしてみましょう。

　英語の単語は content word（内容語）と function word（機能語）に分類されます（白畑ほか 2009）。内容語とは、名詞、動詞、形容詞など単独で使われても意味のある語を言い、機能語とは冠詞、助動詞、接続詞など文法的役割が中心の語を指しますが、限られた時間の中では以下のように特に内容語（すべてではありません）にフォーカスして単語に鉛筆で印をつけ、パッセージ内容に当たりをつけるとよいでしょう。

前の問題終了後、次の問題のパッセージ音声が流れる前に印をつける

No. 1　1　Fruit juice is healthier than dark chocolate.
　　　　2　Dark chocolate can protect people's health.
　　　　3　Heart disease is declining in the United States.
　　　　4　Antioxidants have dangerous side effects.

(2015 年度第 1 回より)

予測
→　fruit juice、dark chocolate、health、heart disease、decline … といった単語から「健康的な飲み物が心臓病に与える効果」の話題だろうか？

　時間的にこの作業ができるのは、各パッセージにつき 1 つ目のセットのみです。

練習問題 2 ―トピックの推測

　次の Part 2 の選択肢（共に 1 つ目の選択肢セット）に印をつけて、内容を予測して下線部に書く練習をしてみましょう。印をつける時間は各セット 5 秒以内、予測を書く時間は 15 秒以内です。

① 1　Its main food source is made by leaves.
　　2　Its body can change color.
　　3　It attacks other spiders.
　　4　It makes its nest in acacia trees.
　　　　　　　　　（2014 年第 3 回より）

予測
→ _____ の話題？

② 1　It costs less to produce than solar power.
　　2　It is safer to transport than some other fuels.
　　3　It requires little electricity to produce.
　　4　It is expensive to mine.
　　　　　　　　　（2017 年第 2 回より）

予測
→ _____ の話題？

●解答は別冊 p30

　さらに、冒頭に流れるパッセージのタイトルも聞き逃さないようにしましょう。例えば、Urban Heat Islands（都市ヒートアイランド現象）というタイトルの聞いた後でパッセージを聞くのと、いきなりパッセージを聞かされるのとでは冒頭部分の理解度に差が出ます。トピックが身近なものであれば、タイトルにより自身の前提知識やスキーマが活性化（Harley 2007）し、パッセージ内容を予想することができます。

Part 3（Real-Life 形式の内容一致選択問題）

　他のパートと比較して、文字情報（Situation、質問文、選択肢）が多いのが Part 3 の特徴です。文字情報はリスニングの際の大きな手がかりとなりますが、それら 3 つの情報を速読し、理解するための時間は他のパート同様 10 秒しかありません。当然、問題を作成する側も受験者がこれらの情報を理解している前提でリスニングスクリプトを作成しますので、この部分を読みとばすのは禁物です。ここでは Part 3 の特徴である Situation の部分にフォーカスして速読すべきポイントと、そこから推測できる事柄について見ていきましょう。

リスニング編　79

必ず You（あなた）から始まっていることからわかるように、Situation（状況）を読む際は自分自身がその状況にいることを想像しましょう。すべて Real-life（実生活）の場面に関する内容ですが、必ずしも英語圏の国々での生活を前提としていないので、状況をイメージすることは難しくはありません。

Situation では、概して 1 文目で (1) 場面や状況が提示され、その後に (2) 自身の行動や意図、そして (3) 音声が流れる前提（音声の種類）の順に情報が書かれています。

Situation: You are staying at a resort hotel. You are looking for an activity to do with your husband. You listen to the following explanation from the concierge.

1. 場面・状況
    - staying at a resort hotel
2. 行動・意図
    - looking for an activity to do with your husband
3. 聞き取る音声
    - listen to the following explanation from the concierge

これらの情報は能動的に頭に入れるようにします。そうしないととなんとなく状況を想像しているだけで時間が過ぎてしまいます。よって、以下のように鉛筆でキーワードとなる単語に線を引いて意識的に記憶に留めると良いでしょう。

（状況）　　　　　　　　　　　　　　　　　（行動）

Situation: You are a <u>member of a softball team</u>. Your team is <u>signing up to register with a local league</u>. You receive the following <u>explanation about how to fill out the registration</u>.

（聞き取る音声）

練習問題 3 ― リスニングの前提確認

次の 2 つは Part 3 の Situation です。キーワードになる語（「場面・状況」に二重線、「行動・意図」に波線、「聞き取る音声」に下線）に線を引いてみましょう。

① ***Situation:*** A delivery company tried to deliver a package while you were away. You are not available between 9 a.m. and 7 p.m. You call the number they left to learn your options and are told the following.

（Half 模試 A より）

② **Situation:** You are at a hospital. You have been to this hospital before but do not have health insurance. The receptionist tells you the following.

（2013 年第 3 回より）

③ **Situation:** You found three cockroaches in your apartment and want to solve the problem. A pest-control-company representative tells you the following.

（2017 年第 1 回より）

●解答は別冊 p.31

　これまで説明したようなスキルを伸ばすには、基本的な英語速読力や推測力を身につけることが必須です。そのひとつの方法としてスキミングの練習があります。スキミングとは「与えられた文の全体にざっと目を通してみてどういったことが書かれてあるかを大まかに掴む」（門田　ほか 2010）読み方ですが、毎日ひとつ新聞やインターネットから敢えて背景知識のない記事を選び、ざっと目を通して概要を把握し、キーワードとなる単語や表現に下線を引くという作業は速読力アップに有効です。

Ⅱ　リスニング学習法

　リスニング力には様々なレベルや下位スキルが含まれるのでリスニング力アップのために何をすべきかを一言で述べるのは容易ではありません。「現在何が問題なのか」を探り、その原因をつきとめ、それにあった学習法に従い学習・練習を続ける必要があります（pp.84 ～ 85「リスニング学習法フローチャート」参照）。ここでは、英検準1級のリスニング問題を分析し、求められるリスニングを解説するとともに、合格に必要となる学習法を提示します。

　まず、リスニング問題の各パートの出題のねらいは以下のようになっています（太字は著者）。

Part 1　**会話**の内容一致選択問題
　　　　　口語表現を含む**ダイアローグ**を聞き取る力を問う
Part 2　文章の内容一致選択問題
　　　　　幅広い分野における**テーマ性のあるパッセージ**を聞き取る力を問う
Part 3　Real-Life 形式の内容一致選択問題
　　　　　必要とする情報を事前に把握し、**実生活に即した情報**を聞き取る力を問う

　これらの出題形式およびねらい（太字部分）から、それぞれのパートで必要とされるリスニング力を身につけるには、下記のような学習が役立つと言えます。

Part 1（会話の内容一致選択問題）
　　リスニング学習　　　→　・ディクテーション
　　リスニング以外の学習　→　・口語表現の学習

Part 2（文章の内容一致選択問題）
　　リスニング学習　　　→　・フレーズリスニング
　　　　　　　　　　　　　　・オーバーラッピング
　　　　　　　　　　　　　　・シャドーイング（コンテンツ）
　　リスニング以外の学習　→　・大意の把握
　　　　　　　　　　　　　　・背景知識の増強（インターネットニュースや新聞）

Part 3（Real-Life 形式の内容一致選択問題）
　　リスニング学習　　　→　・フレーズリスニング

```
                        ・オーバーラッピング
                        ・シャドーイング（プロソディー）
リスニング以外の学習  →  ・スキミング力
                        ・幅広いジャンルのテキストの学習
                          （説明・案内、音声メッセージなど）
```

以下ではパート別に有効なリスニング学習法を紹介します。

リスニング学習法フローチャート

問題点	原因
A. 音を単語として認識できない	未知の単語である
	単語の意味のみを知っている
	すべての単語がつながって聞こえる
B. 単語はわかるが、文やパッセージ全体の情報が把握できない	語・句・節の切れ目がわからない
	聞こえてくる順番に内容理解できない
	全体的に話の内容が曖昧
C. スピードが速いと理解できない	単語同士がかたまって別の音に聞こえる
	音の流れについていけない
	音は聞き取れても、意味がわからない
D. 繰り返し聞かないと理解できない	聞こえてくる順番に内容理解できない
	途中で集中力が途切れてしまう
	1箇所聞き逃すと、それに続く内容が入ってこない

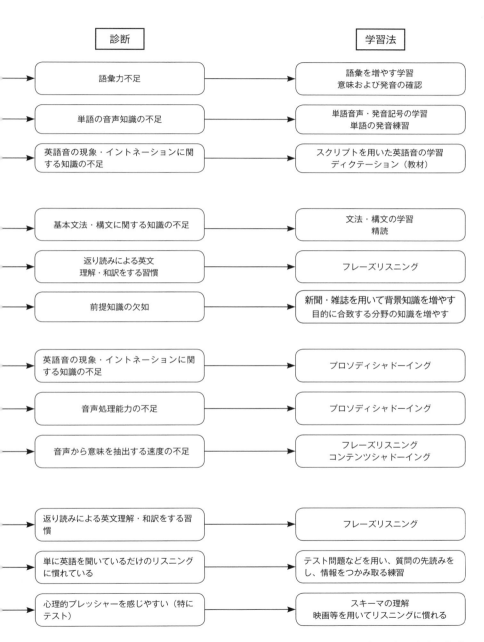

篠田ほか（2000）を参考に作成

リスニング編

III パート別リスニング学習法

ここでは各パートで求められるリスニング力を身につけるための学習法を解説します。パート毎に分けていますが、どのパートにも共通して役立つ学習法です。

1. ディクテーション（Part 1）

ディクテーションは、耳で聞いた音声を文字に起こす練習法ですが、この方法はリスニングの速度に慣れるだけではなく、音声語彙を増やすことや音の現象に慣れること、さらに英語の語順になれるのに効果的な学習法です。

音声語彙とは綴りや定義・意味（だけ）ではなく、発音において知っている語彙のことです。vehicle という例にとると意味（車両）や綴り（vehicle）、品詞（名詞）を知っていたとしても音声（[víːəkl]）を知らなければリスニングにおいては知らない語彙になります。リーディングにおける語彙力とリスニングにおけるそれは異なることを覚えておきましょう。

2つの音が「くっつく」、片方の音が「消える」など、音の現象は日本人がリスニングで最も苦労する原因のひとつです。ディクテーションを通してその時々に覚える以外にも、音の現象を詳しく扱う教材（西蔭 2011 など）などを用いて英語音の現象をまとめて学習しておくとよいでしょう。

ディクテーションは音声を文字化する学習方法ですが、聞こえた文字をすぐに文字に書きだすのではなく、学習効果を高めるために以下のような①〜⑥の手順で行うようにしましょう。必ずスクリプト（書き起こされた文字）がある音声を用意してください。

ディクテーション手順　　　🎧13

① 大意をつかむ（音声×2回）

スクリプトは見ず、まずは集中して聞き大意をつかみます。メモを取ってもOKです。

例）　<u>犬は市の条例で面会する必要</u>
　　　<u>10日以内に schedule すべき</u>

② 重要な語句のみを書き取る（音声×2回）

1文ずつ音声を止めて、しっかり聞こえる語（主に名詞や動詞）のみを書き出す。

例) adopting dogs sounds great city law schedule vet? appointment ten days? checkup wonderful

③ 全文を書き取る（音声×3回）
　聞き取れない箇所で止めて何度も聞き、可能な限り全文を書きおこす。該当する語彙がわからない場合は聞こえた通りにカタカナで書いておく

例) Thank you for adapting one of a dog.
You're welcome. His so cute. I think I call him バディー
That sound great. Before you leave ゾー, オール tell you its city law you schedule a ベテリナリ appointment within ten days adopting a dog.
Can I schedule イウィズ ベテリナリア？
Yes, but if you use one of オーソライズ ベテリナリア they do the チェカプ for free.
That ウッ be wonderful. Please let me know ones you use.

④ 構文・文法の知識を使い、書き直す（音声なし）
　聞こえた音に捕らわれすぎないようにして、前後の文脈を確認しつつ、構文や文法の観点から書き出した文を修正する。

例) Thank you for adapting one of dogs.
You're welcome. He's so cute. I think I call him バディー
That sounds great. Before you leave, I shut tell you its city law you schedule ベテリナリ appointment within ten days adopting a dog.
Can I schedule イウィズ ベテリナリア？
Yes, but if you use one of オーソライズ ベテリナリア they do the checkup for free.
That would be wonderful. Please let me know which ones you use.

⑤ 答え合わせ（音声なし）

スクリプトと比較し、聞き取れなかった箇所や間違えた箇所は、スクリプトの方に下線を記入する。

例）スクリプト　　　　　　　　　　　　　　　　　　　　　　　　　🎧13

M: Thank you for adopting one of <u>our</u> dogs.
W: You're welcome. He's so cute; I think I'll call him <u>Buddy</u>.
M: That sounds great. Before you leave <u>though</u>, I should tell you <u>it's</u> city law that you <u>must</u> schedule a <u>veterinary</u> appointment within ten days of adopting a dog.
W: Can I schedule <u>it with any veterinarian</u>?
M: Yes, but if you use one of <u>our authorized veterinarians</u> they'll do the checkup for free.
W: That would be wonderful. Please let me know which ones you use.

⑥ 音声の確認（音声×3回）
　音声を流し、スクリプトのハイライトや下線を付けた箇所を重点的に聞いて、全体を確認する。

練習問題4―ディクテーション

　実際にディクテーションの練習をしてみましょう。Half模試Aのリスニング（Part 1）で出てきた英文ですが、上記の①～⑥の手順でディクテーション練習を行います。
　　　　　　　　　　　　　　　　　　　　　　　　　　　　　　　🎧14
① 大意のメモ

_____

_____

_____

_____

_____

② 重要な語句のメモ

_____

_____

③ 全文の書き取り　→　④書き直し

④ 答え合わせ　→　⑥スクリプトを見ながら音声の確認

●解答（スクリプト）は別冊 p.31

　Part 1（ダイアローグ）では一般的な口語表現も使われます。聞き取れなかった、または知らなかった口語表現やイディオムは別の色のマーカーでハイライトして、意味とともにしっかり確認しておきましょう。

2. フレーズリスニング（Part 2）

　英語をフレーズ（チャンク）ごとに区切って読解する方法をフレーズリーディングまたはスラッシュリーディングといいます。リーディングにおいてフレーズリーディングを練習する目的はより速く英語の語順で英文を理解し読み下すこと（つまり速読のため）ですが、後で同じ箇所に戻って確認することのできないリスニングにおいては、より重要度が高いスキルとなります。フレーズリスニングは、リスニングで求められるスキルの中でも特に構文（文・節・句）や文法にフォーカスした学習法です。

　まずは以下のように Part 2 の英文に意味のまとまり（節や句）ごとに鉛筆でスラッシュを入れます。すでに行った模試の問題ですが、他の英文を選ぶ場合でもこの作業においては内容を理解していることが前提です。

フレーズ（スラッシュ）リーディングの手順
① スラッシュを入れる

Part 2 (A) 🎧15

　A group of scientists are trying to stop poaching of rhinoceroses / using a unique strategy. / Many rhinoceroses are killed for their horns / which are used to make medicines. / To prevent this, / the scientists have developed a way to reproduce fake rhinoceros horns / that are indistinguishable from regular rhinoceros horns. / They hope / that by selling these manufactured horns the need to kill rhinoceroses / will be eliminated. /

　However, / some feel that this strategy won't be effective. / They point out that most rhinoceros horn medicines / that are sold / are actually already fake. / Very often they're actually buffalo horn / falsely labeled as rhinoceros horn. / Since poaching still goes on / when most medicines are already fake, / they argue this new strategy won't work. /

　スラッシュを入れる位置は以下の箇所が基本ですが、中〜上級者（準1級受験者）であれば上記の例のようになるべく大きなチャンクに区切ってスラッシュを入れるようにしましょう。

1. 句読点（ピリオド・カンマ・コロン・セミコロン・ダッシュ）の後
2. 主語の後（特に長い場合）
3. 目的語や補語の前（特に長い場合）
4. 前置詞の前
5. 接続詞の前
6. 不定詞・動名詞・分詞の前
7. 関係詞の前
8. 疑問詞節・that節・whether節の前
9. 副詞・副詞句の前

② フレーズリーディング（3回）
　スラッシュを入れた英文をチャンク毎に音読します。スラッシュで1秒ポーズを入れます。発音は完璧でなくて構いませんが、読めない単語は無理やりカタカ

ナ読みせず、しっかり（電子）辞書やスマートフォン、インターネットで発音を調べましょう。ひとつのチャンクは切らずに一息で読みます。チャンク毎に正確に読めるようになるには最低3回の音読が必要です。

③ フレーズリスニング（3回）
　今後は音声を聞きながら文字を目で追ってみます。自分で入れたスラッシュの位置と、音声のポーズは異なる場合もありますので、その際はスラッシュの位置を変更してください。

④ オーバーラッピング（3回）
　音声のポーズ（スラッシュの位置）を確認したら、今後は音声と同時に、音声にかぶせる（overlap）ように一緒に発音してみましょう。途中で追いつかない場合もありますが、なるべく最後まで一緒に音読しましょう。

　スラッシュを入れることに慣れている方は、③から始めても OK です。音声を聞きながら文字を目で追い、ポーズが入る位置にスラッシュを入れてみましょう（文末には必ず入れます）。その後④の練習をしましょう。

練習問題5　フレーズリーディング

以下は Half 模試 A の Part 2 (B) Baby Sign Language のスクリプトです。まずはしっかり意味を再確認してから、上で説明した①〜④にしたがいフレーズリーディングの練習をしてみましょう。③から始めてもよいです。

🎧 16

　Most babies don't start speaking until they are 18 months old, but some parents have learned how to communicate with their children earlier by using sign language. Since babies learn to control their arms earlier than they learn to control their mouths, they can form sign-language words before they can speak out loud. Though they can't speak, they can still relate simple concepts like "food", "more", or "sleep."

　Teaching babies sign language can also aid in learning spoken language. Babies who are taught sign language often learn spoken language quicker because they are introduced to the concept of words earlier than other babies, even if these words are signed instead of spoken.

●解答例は省略

　Part 2 ではテーマ性のあるパラグラフ形式のパッセージが出題されます。Part 1（対話）や Part 3（Real-life）とは異なり明瞭な発音で一定のスピードで読まれるので、フレーズリーディングを行いやすい材料といえます。さらにチャレンジしてみたい方は、Part 1 や Part 3 のスクリプトを使って練習をしてみるのも良いでしょう。

3．シャドーイング（Part 3）
　シャドーイングとは、聞こえてくる音声に続いて、影（shadow）のようにすぐあとから追いかけて発音し、まねをする学習法です。本来は通訳の訓練法ですが、リスニング力だけではなく、発音やスピーキングを上達させ、語彙や構文に対する感覚を磨くのに有効な方法です。

　シャドーイングには速さ、強弱、リズム、イントネーションなどの音声学的性質に重点をおいたプロソディ・シャドーイングと、聞こえてくる英語の内容に重点をおいて行うコンテンツ・シャドーイングの２つがあります。他の学習法と比較して上級者向けの練習法です。ここでは、Half 模試 A の Part 3 (F) を使い、以下の手順に従ってプロソディ・シャドーイングの練習をしてみましょう。

プロソディー・シャドーイングの手順（例）　　　　　🎧17

　The simplest option would be to wait for our scheduled delivery tomorrow. We usually deliver to your neighborhood around noon. We can have the driver call you 30 minutes before he arrives so you're prepared. We can also hold the package and you can pick it up yourself. Our office is open from 10 a.m. to 5 p.m. for pickup. You also have the option to have it delivered to a nearby convenience store where you can pick it up at any time.

① 英文・音声の確認（準備）
　スクリプトを用いて英文内容と音声を正確に確認しておきます。発音がわからない単語はゼロにしておきます。

② 音読（3回）

英文を自分のスピードでよいので、正確に音読します。必要ならスラッシュを入れておいてもよいでしょう。

③ オーバーラッピング（3回）

英文を見ながら音声を流し、音声と一緒に発音します。

④ プロソディ・シャドーイング（3回）

今度は英文を見ないで音声を流し、それにつづけて発音してみます。特に話者の話す速さ、強弱、リズム、イントネーションを意識して真似してみましょう。

練習問題6　プロソディ・シャドーイング

以下は Half 模試 A の Part 3 (D) と (E) のスクリプトです。上記の手順にしたがって、プロソディ・シャドーイングの練習をしてみましょう。手順④では、紙などで英文を隠しつつ行ってください。

① 🎧18

Just so we're clear, I want to let you know this is a competitive league. I want to make sure you and your team don't think this is a beginner league. Before you do anything else, write out your team name here so I can enter it into our system. Then go and collect the signatures of your teammates. You're required to have at least 12 people. You'll also need to pay the registration fee of $40 at that time.

② 🎧19

Our most popular attraction is the bungee jump. It takes place next to the swimming pools, and requires a reservation. Today we only have one more slot available. We also have individual spa treatments at our salon. There are a few classes available including a snorkeling class for parents and children as well as a scuba diving class for couples.

Part 3 の英文は比較的短く、日常単語が多いのでシャドーイングしやすい英文と言えます。慣れてきたら、語彙レベルが高い Part 2 の英文を使ったり、または未知の英文と音声を使ってチャレンジしてみましょう。学習に飽きないためにも、スクリプトが手に入るニュースや映画・ドラマ、TED などの動画を使い、人物になりきって楽しみながらシャドーイング学習することをオススメします。

　リスニング学習法フローチャート（pp.84-85）からわかるように、本質的なリスニング力を伸ばすには発音や音の現象のみならず、語彙、文法・構文、発音、精読などのスキル、そして背景知識や新しい状況で情報や知識を理解する際の基盤となるスキーマ（米山, 2011）についての学習も必要となります。リスニングを苦手と感じている方はすべての英語学習がリスニング力アップにつながると考え、さまざまな学習方法をバランス良く取り入れるようにしましょう。

まとめ

　リスニング学習法フローチャートからもわかるように、本質的なリスニング力を伸ばすには発音や音の現象のみならず、語彙や文法・構文に関する知識、精読・速読スキルといった全般的な英語力の増強に加え、背景知識や「レストランでのやり取り」や「イベントの申し込み」、「スーパーの館内放送」のようなスキーマ（新しい状況で情報や知識を理解する際の基盤）を学習しておくことも有効です。リスニングを苦手と感じている方は、以下のような書籍を用いるなどして、多角的な学習を心掛けるようにしましょう。

おすすめ参考図書（リスニング学習編）

- 旺文社（編）『英検分野別ターゲット 英検準1級リスニング問題 改訂版』旺文社（2018）

    近年の過去問と練習問題を使ってリスニング問題の特訓ができます。旺文社の書籍はいわゆる「公式」問題集なので練習問題の質も高いです。

- 小倉慶郎『英語スラッシュ・リスニング トレーニング』DHC（2014）

    通訳訓練法を元に、様々なニュース英語を使いスラッシュ・リスニングとシャドーイングを訓練する書籍です。Part 2 の学習に最適です。

- 門田修平『シャドーイング・音読と英語コミュニケーションの科学』コスモピア（2015）

    リスニングにも有効なシャドーイングと音読を通して、多重処理によるコミュニケーション力の増強をめざす書籍です。認知心理学や神経科学に関する解説が興味深いです。

- 内田富男『聞く英語』アルク（2019）

    リスニング学習に加え、聞く（インプット）と、話す・書く（アウトプット）を組み合わせたトレーニングを行い、実践的なコミュニケーション力の育成をめざす書籍です。

- 白井恭弘『英語はもっと科学的に学習しよう：SLA（第二言語習得論）からみた効果的学習法とは』中経出版（2013）

    第二言語習得の研究結果をベースに、科学的な英語学習法を示した書籍です。日本人に特化した学習法や動機づけの特性を解説しています。

第3章 学習法を学ぶ
ライティング編

> **はじめに●ライティング編**
>
> 　ここでは大問4の英作文に対応できる作文力をつけるための方法と、実際に問題を解く際の注意点を解説します。
> 　第2章の対策でも述べましたが、英検の作文問題が求める「意見」→「理由説明」→「まとめ」という構成は、いわゆるパラグラフライティングの基本であり、英語で自分の考えを明快に述べるために欠かせない技術と言えます。準1級の英作文を攻略することは、同時にエッセーライティングの基礎固めとなります。

I　パラグラフの構成と準1級英作文問題との関連

　英語では1 paragraph = 1 ideaという考え方があり、1つの段落（パラグラフ）は主に言いたいことを表す主題文（トピックセンテンス）と、その補足文で構成されるのが基本です。主題文の位置は段落冒頭が最もオーソドックスで、次に多いのは段落最後にまとめとして置かれるパターンです。準1級の英作文が指定する構成は、冒頭に主題を置くオーソドックスなものをそのまま膨らませて4段落ほどの構成にし、最後にまとめの形で主題を再提示するというものになっています。語数があるとはいえ、「意見」「理由1」「理由2」「まとめ」の形で順番にきちんと作文すれば、明快で論理的な文章になるはずです。

1. 主題文を書く = Introduction に対応

　例えばAgree or disagree:〈命題〉、という形式の場合、極端なことを言えばストレートな答えはI agree that〈命題〉あるいはI disagree (= do not agree) that〈命題〉しかありません。使える選択肢は限られていて、他にはせいぜいI believe that ...、In my opinion, ... くらいのものです。下手にオリジナリティーを出そうとしてinsist、claimといった不適切な語を選択してしまったり、I used to believe that ...; however, 〜（かつては…と考えていたが今は〜）のように回りくどい言い方をして、主題がぼやけることのないようにしましょう。冒頭で重要なのは、自分がどちらの立場なのかをはっきり述べることです。

練習問題 1

次の TOPIC に対して賛成・反対両方の立場の主題文を書きましょう。
① Japan should accept more immigrant workers.
② More people will prefer artificial pets to real pets.

●解答は別冊 p.32

練習問題 2

以下は 練習問題1 の TOPIC ①に対する主題文として書かれたものです。それぞれの問題点を指摘しましょう。
① I want Japan to accept more immigrant workers.
② Although Japan should accept more immigrant workers, I disagree with the statement.
③ I believe Japan will accept more immigrant workers.
④ If Japan accepts more immigrant workers, many Japanese people may lose their jobs.

●解答は別冊 p.32

2. 理由を複数提示する = Main body に対応

導入で立場を明確にできたとして、次に理由を述べねばなりません。その際に I have two reasons. といった文やフレーズを入れることもできますが、必須ではありません。むしろ大切なのは、2つの理由がそれぞれどこで述べられているかを明確にすることです。理由の段落ひとつひとつにもそれぞれの主題文があり、残りはそれを説明する文となります。

練習問題 3

以下は作品の Body（2つの理由）に相当する部分です。空欄を適切に補う表現をできるだけ多く答えましょう。

(①), accepting immigrant workers is crucial in securing enough number of workers in certain areas. For example, many nursing homes are suffering from labor shortage, which is sure to become more serious as ageing society continues to advance. (②), immigrants will help Japanese society become more diverse in terms of language and culture. Such diversification will be beneficial as Japan faces current globalization of the world.

●解答は別冊 p.32

練習問題 4

練習問題 1 の TOPIC ②について、次の 4 つの POINT それぞれに絡めて、賛成または反対の理由を 3 〜 4 文程度（40 〜 50 語程度）で書きましょう。
(TOPIC) More people will prefer artificial pets to real pets.
(POINT) natural / animal shelter / living condition / life span

●解答は別冊 p.32

3. まとめを書く = Conclusion に対応

　英文エッセーでは冒頭で結論（主題）を明示するため、日本語のように最後に結論を述べることは必ずしも必要ありませんが、準 1 級では最後にまとめが要求されます。基本的には冒頭の主張を繰り返しつつ、Main body で述べた理由を簡潔にまとめましょう。

練習問題 5

練習問題 4 の TOPIC と POINT を使って次のような内容の「まとめ文」を書きましょう。
①「より多くの人が人工ペットを選ぶだろう。理由 (1) 現代の生活スタイルに合致している。理由 (2) 寿命が定まっていない。」
②「人々は人工ペットよりも本物のペットを選ぶだろう。理由 (1) 自然な感情を持っている。理由 (2) シェルターの動物を救う。」

●解答は別冊 p.33

II　その他の作文テクニック

　英検では「内容」の他に「構成」「語彙」「文法」も評価の観点になります。これらの側面から作文力を高めるには、以下のような要素を押さえましょう。

1. ディスコースマーカーの活用

　ディスコースマーカーとは、文と文を繋いで文章構成を明らかにし、論理関係を整理するためのつなぎ言葉のことで、接続詞と副詞（句）が含まれます。接続詞は文と文を直接つないで重文・複文にすることができますが、副詞や前置詞を伴う副詞句にはその機能がないため、形の上では新しい文を開始しつつ、意味的に前の文とのつながりと示します。多くを覚える必要はありませんが、適切に使

えるようにしましょう。

「逆接」のディスコースマーカーの例
　　〈接続詞〉**but**（しかし）、**yet**（しかし）
　　〈副詞〉**however**（しかし）、**nevertheless**（それにもかかわらず）
「譲歩」のディスコースマーカーの例
　　〈接続詞〉**although [though]**（ではあるが）、**even if [though]**（たとえ〜ではあっても）
　　〈副詞〉**in spite of** 〜（〜にもかかわらず）
「対比・対照」のディスコースマーカーの例
　　〈接続詞〉**while** 〜, ...（〜な一方で…）、**〜 , whereas ...**（〜な一方で…）
　　〈副詞〉**on the other hand**（その一方で）、**by contrast**（それとは対照的に）、**meanwhile**（その一方で）
「列挙・追加」のディスコースマーカーの例
　　〈副詞〉**first(ly)**（第1に）、**second(ly)**（第2に）、**finally**（最後に）、**in addition**（加えて）、**furthermore**（さらに）、**moreover**（さらに）
「理由」のディスコースマーカーの例
　　〈接続詞〉**because**（なぜならば）、**since**（〜なので）
　　〈副詞〉**because of** 〜（〜のために）、**thanks to** 〜（〜のおかげで）
「結果・まとめ」のディスコースマーカーの例
　　〈接続詞〉**so**（だから）
　　〈副詞〉**therefore**（それゆえ）、**thus**（ゆえに）、**in conclusion**（結論として）

練習問題 6

空欄に入るディスコースマーカーを選びましょう。

① Certainly, many people wish to have companion pets. (　　), it is not easy to find enough time and space for keeping live animals as pets.
　1 Therefore　　**2** But　　**3** However　　**4** In conclusion

② The graph shows people of different age groups show preference for different form of books. People over fifty tend to prefer paper books. (　　), those who are thirty or younger are more likely to choose e-books.
　1 Meanwhile　　**2** In addition　　**3** For example　　**4** In other words

③ (　　) globalization may hurt some domestic industries, overall it does more good than harm to the economy.

1　Since　　2　Consequently　　3　When　　4　Although

●解答は別冊 p.33

2. 適切な語彙の使用

　作文は読解ほどの語彙知識を必要とはしませんが、TOPIC に応じた適切な語句を使う必要があります。AI (= artificial intelligence)（人工知能）、cryptocurrency（仮想通貨）、inflation（インフレ）、regenerative medicine（再生医療）、nuclear energy policy（原子力政策）といった、科学技術、政治経済、医療健康など社会のさまざまな領域で話題になっている時事的な語句についてはなるべく押さえておきましょう。辞書にも載っていない最新の語句や意味については、英字新聞やオンライン辞書が助けになります。

練習問題 7

空欄に入る語を選びましょう。

① 東日本大震災の後、多くの外国人が放射能を恐れて日本を去りました。
After the Great East Japan Earthquake, many foreigners left Japan because they feared (　　).

1　accusation　　2　toxic waste　　3　discrimination　　4　radiation

② 私たちは絶滅危惧種を救うためにあらゆることをしなければなりません。
We have to do everything we can to save (　　) species.

1　endangered　　2　risky　　3　threatening　　4　attached

③ ビジネスにおける人工知能の利用を規制しなければ、多くの人が職を失うでしょう。
Unless we (　　) the use of AI in business, many people will lose their jobs.

1　impose　　2　prescribe　　3　identify　　4　regulate

●解答は別冊 p.33

3. 様々な構文の使用

　同様の内容を複数の構文で言い換えられるようにしておくと、構文力のアピー

ルになり、語数のコントロールもしやすくなります。接続詞、関係詞、分詞構文や付帯状況の with、名詞構文や代名詞といった文法項目をおさえるようにしましょう。

練習問題 8

それぞれ指示に従って書き換えましょう。

① Some people say self-driving cars are safe. However, I don't think so. →「譲歩」の接続詞を使って 1 文に

② Science and technology have advanced rapidly. As a result, we can live more comfortably. →「名詞構文」を使って 1 文に

③ Humans have created the problem of environmental pollution. It is natural that humans should try their best to solve it.
→「関係代名詞」を使って 1 文に

④ I used to live abroad, so I know how difficult it is to live without being able to communicate in one's native language. →「分詞構文」を使って 1 文に

●解答は別冊 p.33

4. ミスを防ぐ

語学において過度にミスをおそれることはむしろ有害ですが、避けられるミスや、意味を阻害するようなミスはなるべく避けましょう。主語と動詞の一致、名詞の単複、品詞、基本的な語句の綴り、時制、代名詞の選択などがそれにあたります。日頃から見直す癖をつけ、同じミスを繰り返さないことが大切です。

練習問題 9

下線部は日本人の英作文に頻出するミスの例です。それぞれ正しく直しましょう。

① More people will buy things online because it is more <u>convenience</u> than going to shops.
② I am in favor of work-sharing which <u>allow</u> more people to have jobs.
③ Small shops should be protected because <u>we</u> are vital for local economy.
④ With the Internet, you can work at home much <u>easier</u> than before.

●解答は別冊 p.34

まとめ

準1級の大問4英作文問題に対応する力をつけるための学習法をまとめました。ミニエッセイという問題形式のため、パラグラフライティングのトレーニングが中心になっています。Emailなど他のジャンルの作文の力を伸ばしたい方や、文法、語彙、綴りといったライティングの下部スキルを伸ばしたいという方は、それぞれに特化した教材を活用すると良いでしょう。ともあれ、準1級レベルの時事的話題に対して「意見」「理由説明」「まとめ」の形で文章が書けるということは、それだけでかなりの英語力の証明と言えるでしょう。

おすすめ参考図書（ライティング学習編）

- 和泉有香『図解でわかる！はじめての英検準1級総合対策』アスク（2016）
  - 実例付きでたいへんわかりやすい対策本です。初めて受験する方におすすめ。
- 旺文社（編）『英検準1級総合対策教本』旺文社（2016）
  - 対策本の王道。ただ英検に備えるだけでなく、満遍なく英語力が強化できるような内容になっています。
- 旺文社（編）『英検分野別ターゲット：英検準1級ライティング問題』旺文社（2018）
  - 英検のライティング問題だけに集中的に取り組みたい人向けです。
- 工藤洋路『自由英作文はじめの1冊』アルク（2018）
  - 短文ならかけてもまとまった文章を書くのが苦手、という人のための入門書です。
- 辰巳友昭『英検準1級をひとつひとつわかりやすく。』学研プラス（2018）
  - 手前味噌ですが、「中高生でもとりくめる」を目指して書きました。他の対策本が難しく感じる方は、これから始めてみてください。
- ディビッド・セイン『英語ライティングルールブック（第2版）：正しく伝えるための文法・語法・句読法』DHC（2011）
  - 英文を書く際に日本人が犯しやすい誤りを踏まえて書かれています。英検対策というよりは、作文をする際の手引書として活用できます。
- Flaherty, G. *For and Against: Expressing Opinions and Exchanging Ideas*, Seibido (2008)
  - 社会的な問題について、賛成・反対両方の立場から意見を書き、エッセーライティングに欠かせない「意見を立てる」練習ができます。

第3章 学習法を学ぶ

面接編

> **はじめに●面接にあたって**
>
> 　当然ですが、ナレーション問題には正確な文法や語彙を使用した完璧な構成の英文（パラグラフ）が正解例として提示されます。正解例に圧倒されて諦めてしまう方もいますが、ネイティブでさえ文の途中で言い換えたり、言い淀んだり、同じ内容を繰り返したりしますし、時には文法的なケアレスミスをしつつ、意味の通った描写を行います。よって、ナレーション（4コマイラストの描写）に取り組む際は肩の力を抜き、伝える内容の障害とならない限り、局所的な誤り（local error）は許容範囲内であることを肝に銘じておきましょう。質問への解答においても同様、大事なのは完璧ではなくても自分の伝えたいことを相手に必要十分に理解してもらうことです。ここでは、面接（ナレーションとQ&A）において留意するポイントを踏まえながら、それぞれにおいて求められる力を伸ばす学習法について見ていきましょう。

I　ナレーション（4コマイラストの描写）

1. 対策法

(1) イラストのトピックと流れを理解する

　4コマのイラスト描写は、通常のスピーキング学習や英会話の練習ではあまり行うことはない活動です。よって、4コマ漫画の展開に慣れていない場合は、1分間のナレーション準備期間において、まずは4コマのイラストのトピックと流れをしっかり理解することが重要です。

　イラストの前に示されるト書き（This is a story about ～）や描写の際の冒頭の英文（One day, ～）もそうですが、イラストにも英語の文字情報が多く含まれるのがこの試験の特徴です。登場人物が話す台詞（吹き出し）だけでなく、時間の流れ示す語句（The next day、Half an hour later、Two weeks later）や、スクリーンや黒板、掲示等で提示される情報、場所や人物の肩書などにはナレーションにそのまま使用できる英語が書かれています。イラスト内の事物や小道具について「英語で何て言うんだろう？」と考えていると、あっというまに時間が過ぎてしまいますので、まずは1コマ毎イラストの細部と文字情報をくまなくチェックし、日本語で構わないので頭の中でストーリーの展開を確認します。

次に、1コマ毎に伝えるべき要点を確認し、それに必要になる語彙を考えます。描写に最適な語彙や表現が思いつかない場合は、自分が使える語彙や表現を使って切り抜ける準備をしましょう。というのも、ナレーションで求められるのはシンプルな英語（構文、文法、語彙）を用いて簡潔に描写するスキルだからです。

(2) 指定文を音読する

　指定された英文（描写を始める際の1文目）は必ずOne day, ～（ある日～）から始まる過去形を用いた文で、ストーリーの冒頭を担う部分です。与えられた1分の準備時間では音読の際に評価対象となる発音とイントネーションを必ず（頭の中で）確認しましょう。

　音読する際には、個々の単語を正確に発音しつつ、あえてゆっくり読むように心掛けてください。この音読によって以降の自分の英語（描写）のペースが決まってしまうので、自分の発音や声量、話す速度を調整するためのウォームアップと考えましょう。

(3) 描写の仕方をおさえる

　イラストの描写にはコツがありますが、以下の3点を踏まえておけば求められる描写の形から外れることはありません。

① 過去形を使う

　指定された1文目の時制が過去形なので、以降の描写についてもそれに時制を合わせる必要があります。述語動詞の時制には意識が向きますが、従属節の中の時制（e.g. The parents thought that they would need it.）や、過去完了が必要とされる際（e.g. The colleagues were all happy because their proposal had been accepted.）には特に注意が必要です。直接話法を使うやり方もあります（後述）。

　また、登場人物の台詞（現在形）引用する場合にも時制に気を付けましょう。例えば、"It's too expensive!"といった吹き出しの台詞を間接話法に引用する際は、The man couldn't buy the gift because it was too expensive. のように時制を一致させることを忘れがちです。

② 各イラストを英文3文程度で描写する

4コマを簡潔なストーリーとして描写するには、各コマを3文程度（1コマ目は指定文も含む）、全体で12英文が適度な分量といえます。描写においては、主に登場人物の動作や心境（〜は…した、〜は…と思った）や状態や状況（〜は…だった）を説明します。これらはすべて基本構文を使って表現できます。

　イラスト内容と文字情報のみで3つの文を作ることはできますが、客観的な情報が足りない場合、または情報を用いた説明が難しい場合は3つ目の文として自分の意見（e.g. I think that she must have been lonely.）などといった主観的な説明を入れることもできます。よほど的外れな内容でなければ減点されることはありません。

③　人物の台詞を活用する

　4コマのイラストには吹き出し（登場人物の台詞）があるコマが含まれます。①で説明したように描写は過去形が基本なので、台詞を The woman asked the boy if he could help her. のように間接話法で描写するのも良いですが、ミスする可能性も増えてしまいます。不安な時は、台詞をそのまま生かして、The woman asked, "Can you help me?" というように直接法を使うようにしましょう。どちらの話法を使うかは評価に影響しません。

(4) ストーリーの「流れ」を描写説明する

　描写で重要なのはストーリー（流れ）を作ることです。よって、4つのイラストを個々に描写説明するとともに、全体として「起承転結」を意識しそれぞれを関連づけて述べる必要があります。このためには次の3つのポイントを留意しましょう。

① ストーリーの展開を意識する

　4コマのイラストが表すストーリーは概して (1) キッカケとなる出来事→ (2) 起こした行動→ (3) 行動の結果→ (4) 最終的な結果、または (1) と (2) がキッカケの状況で、その後 (3) 起こした行動、そして (4) 結果の構成になっている場合もあります。よって、まずはこのフレームを意識して、イラストを確認するとともに、最終的な結果（オチ）に向けてストーリーを作っていきます。

② 時間を表す語句やつなぎ言葉を使用する

　ストーリーの展開、場面の移り変わりを述べる際にはつなぎ言葉の使い方が

面接編

カギとなります。4コマイラストの描写においては、各コマ上部にある時間を表す語句（e.g. A few minutes later）もその役目を果たしますが、Then（そして）、Moreover（さらに）、Finally（ついに）、In the end（最後には）、As a result（結果として）などといったつなぎ言葉（ディスコースマーカー）を使うとより高い評価を得ることができます。描写の流れを簡易的に示すと以下のようになります。

```
1コマ目
  （指定文）One day, 〜〜〜〜〜.「2文目」.「3文目」
                    ↓
2コマ目
  （時間を表す語句、またはつなぎ言葉）〜〜〜.「2文目」.「3文目」
                    ↓
3コマ目
  （時間を表す語句、またはつなぎ言葉）〜〜〜.「2文目」.「3文目」
                    ↓
4コマ目
  （時間を表す語句、またはつなぎ言葉）〜〜〜.「2文目」.「3文目」
```

　機械的パターンのように見えますが、このような型どおりの描写で十分合格の域に達します。

2. 学習法

　連続するイラストからストーリーを作るにはある程度の慣れが必要になります。英語での描写が苦手な方は過去問集（教学社2019など）を用いて、実際にイラストを使って練習してみるとよいでしょう。

(1) 描写ライティング練習

① 描写する4コマイラストをひとつ選んだら、上記で示した「型」に合わせてまずは書いて描写してみます。辞書などは使わず、5分以内で素早く指示文に続く文をすべて書き出します。

② 次に辞書などを用いて、自分の描写文を修正したり、語彙を書き加えたりしてみます。比較できるよう、①の文は消さないようにします。修正する際は、凝った表現や言い回し、難しい文法を使わずに自分で言えそうな英語の範囲

での修正に留めます。文法が不安でも完璧でミスのない英文にする必要はありません。
③ 解答例を用意します。解答例の英文を参照しつつ、②の描写文を更に修正します。あくまでも自分で書いた英文をベースに書き換えます。自分の英文と解答例が大きく異なる場合は、解答例を気にする必要はありません。そのような解答例は、本番で自分の口から出てこない類の文なので、語彙やつなぎ言葉をメモするなど参考程度に留めておきましょう。

(2) 描写スピーキング練習
① 上記で作成した描写文を、各イラストを見ながら、ゆっくり、正確に発音しつつ英語で言ってみましょう。発音できない単語は電子辞書やスマートフォンを使って、発音を聞いて確認します。
② 自分の発音が正確かどうか不安な場合は、iPhone の Siri 機能などを使って確認するのが良いでしょう。iPhone の使用言語を English に切り替え、Siri を呼び出します。Siri は発話された音声を画面上に文字化します。よって、(本来の機能とは違いますが) Siri に向けて、英文(または節や語句のみ)をしっかり正確に発音し、意図した英語が表示されれば OK です。あくまでも発音の正確さの目安ですが、発音練習に使える機能です。
③ 最後に、英文を見ずに4コマイラストを描写しましょう。完璧に暗記して臨む必要はありません。途中で言い淀んだり、間違ったりしてもよいですし、別の表現を用いても結構です。ただし、途中で英文を見てはいけません。最後まであきらめずに描写し終えたら、英文を参照して、描写に抜けていた内容を確認します。

1日にひとつの4コマイラストを選んで、この練習をしてみましょう。新聞に掲載されている4コマ漫画を使っても結構です。繰り返すうちに、描写することが面白いと思えるようになります。

II 面接委員との Q&A

1. 対策法
ナレーションが終わると、面接委員から質問がなされます。質問は No.1 から No.4 まで4つあり、以下のような形式・課題になっています。

問題番号	形式・課題
No. 1	イラストに関連した質問に答える。
No. 2	カードのトピックに関連した内容についての質問に答える。
No. 3	カードのトピックに関連した内容についての質問に答える。
No. 4	カードのトピックにやや関連した、社会性のある内容についての質問に答える。

すべて受験者自身の意見を問う質問ですが、比較的容易に答えられる質問から多少の背景知識を必要とする質問へと難易度が上がっていきます。質問が聞き取れない場合、聞き返す（Beg your pardon? と言う）のは減点になりませんが、何度も繰り返して聞き返す、または面接委員の質問を遮るような聞き返しをすると減点対象となります。なお、回答の途中に長く沈黙してしまった場合、回答終了とみなされ次の質問に進まれてしまう場合があります。どの質問においてもそうですが、常にアティテュード（英語を話そうとする態度）に留意しましょう。面接委員の方を見て積極的な態度（笑顔も）で、なるべく明瞭な声で答えることがポイントになります。以下では質問形式と答え方の例を詳しく見ていきます。

Question No. 1

最初の質問は4コマのイラストのひとつに関するもので、問題カードを見ながら回答します。概して、ストーリーの結末となる4コマ目の内容に関して、「もし自分が登場人物だったらその場面や状況においてどう思うか」を尋ねられます。よって、ナレーションの段階で正確にストーリーを理解していることが前提となります。

would you be thinking（考えている）という仮定法の形で問われるので、答える際は必ず I'd (=would) be thinking 〜（私は〜と考えているでしょう）から始めましょう。以下で示したように考えたことを、直接法を使って述べる方が、より簡単で自分の感情を乗せやすいです。単に "I'd be thinking, "I'm sorry for her."（彼女に申し訳なく思いました）のような簡潔すぎる文よりも、以下の解答例のように具体的な内容を付け加えると高評価を得られます。

◯質問と解答例
4コマイラストの概要：遊園地で女性が幼い子どもにぶつかってしまい、子どもが持っていた風船を誤って飛ばしてしまう。

質問例：Please look at the fourth picture. If you were the woman, what would you be thinking?（4コマ目を見てください。もしあなたが女性ならば、何を考えているでしょうか）

解答例："I'd be thinking, "I'm sorry for her, so I should do something to make up for the loss. If I could, I'd buy a similar balloon at a near shop."（「女の子に申し訳ないので、お詫びに何かすべき。できるなら近くの店で同じような風船を買ってあげるだろう」と考えているでしょう）

ポイント

- I'd be thinking ... に続けて、直接法を使う。
- 具体的な情報を入れ、2〜3文程度で回答する。
- 多くの人が考えるような一般的内容を述べる。

Question No. 2 ／ Question No. 3

　Question No. 2 と No. 3 は問題カードのトピックに直接的、または間接的に関連する内容が出題されます。解答には問題カードを参照する必要はないので、質問に先立ち面接委員から Please turn over the card and put it down.（カードを裏返して、おいてください）という指示がなされます。続く質問は常に Yes/No を問うものですが、Yes または No を答えるのみでは高得点（各5点中3点以上）を取ることはできません。

　質問文の形式は現在形（一般動詞、be動詞）、過去形（be動詞）、助動詞、現在完了形などですが、どの場合も答え方は基本的に同じです。まず Yes. または No と、質問文の内容に賛成か反対かを述べ、その後で自分がそのように考える理由や意見を3文以内で述べます。質問によっては Yes/No を即答できない場合もありますが、考え込んで黙ってしまうのは禁物です。即答できない時は "Let's see ..." などで沈黙を回避しましょう。どちらが正解ということはないので、Yes（賛成）または No（反対）とする理由が思いつきやすい方を選び、根拠を1〜2文で適切に伝えるのも有効な作戦です。以下は質問と解答の例です。

○質問と解答例

4コマイラストの概要：インターネットで商品を注文した男性。入金後商品到着を待てども届かず販売店に電話を掛けるが、すでに回線が解約され連絡を取ることができなかった。

質問例：Do you think that people today are concerned enough about protecting their personal information on the Internet?（人々は現在、インターネット上の個人情報を守ることに十分な関心があると思いますか）

解答例：No. I think there are still many people who aren't aware of the dangers of sharing information online. So, they tend to share personal information with someone they don't know, and the information often is misused by them.（いいえ。私はオンライン上で個人情報を共有することの危険性を認識していない人はまだ多いと思います。なので、知らない人と個人情報を共有し、しばしば情報が悪用されています）

ポイント

- Yes / No どちらか理由を述べやすい方を選んで回答する。
- 質問に答える際は、まず Yes または No と述べる。
- 理由や根拠を簡潔に 1 ～ 2 文で説明する。

Question No. 4

回答に必要な発話量は質問 No.2 や No.3 と同じですが、社会的な事柄に関する質問がなされます。トピックに関する背景知識が求められる場合もありますが、具体的な数字や詳細な事実などは無理して入れる必要はありません。答える際は、Yes（賛成）または No（反対）と自分の立場を明確にしてからその理由や根拠、またはアイデアを 2 ～ 3 文で付け加えるのが一般的です。不慣れなトピックに関するもの、または簡単に是非を述べるのが難しいトピックの場合は、Yes/No の代わりに I'm not sure, but ～（確かなことは言えませんが～）や It's hard to tell, but ～（〈Yes/No を率直に〉言うのは難しいですが～）などと述べてから、I (don't) think they should.（そうすべき・すべきではないと思います）と自分の立場を示し、そのように考える理由を加えましょう。

○質問と解答例

4コマイラストの概要：妻からダイエットするように勧められる男性。早速ダイエット効果のあるサプリメントを購入し、以降はそれに頼るだけで運動や食事制限などしなかった結果、以前より体重が増えてしまう。

質問例：Should more be done to improve the healthcare system in Japan?（日

本の医療制度を改善するために更なる対策が取られるべきですか)

解答例：Yes. I think they should take measures to cope with the rapidly ageing population of Japan. There're thousands of elderly people in underpopulated areas who cannot get enough medical attention. The government should distribute doctors and nurses across the country and take care of those in need of help.（はい。急激に高齢化する日本の人口に対策を講じるべきと思います。過疎地域には十分な治療を受けられないお年寄りが何千人もいます。政府は医者や看護婦を全国に配置し、助けを必要とする人のケアをすべきです)

ポイント

・社会性のあるトピックに関しては多少の背景知識が必要。
・Yes（賛成）またはNo（反対）を示すのが難しいトピックもある。
・理由やアイデアを2～3文で説明する。

2. 学習法

Question No. 1 では、まずは登場人物が「どう思うか」を表現できなければなりません。そのためには感情を表す語彙を増強しましょう。以下は感情を表す形容詞の例です（初歩的なものは省きます）。意味の暗記ではなく、発音確認した後で、日本語を見て I'm ＿＿＿＿＿＿. の形で言えるようにします。

喜んで	delighted	圧倒されて	overwhelmed
感謝して	grateful	混乱して	confused
感動して	moved	どっきりして	frightened
興奮して	thrilled	緊張して	nervous
満足して	satisfied	心配して	anxious

激怒して	furious	疲れ果てて	exhausted
不機嫌で	grumpy	落ち込んで	depressed
イライラして	annoyed	がっかりして	disappointed
動揺して	upset	ほっとして	relieved
嫉妬して	jealous	恥ずかしい	embarrassed

次に、感情を抱いた「理由」、「具体的な行動」、「例」を述べる練習をします。

面接編 111

Question No. 1 の答え方に決まりはないですが、以下のようなフレームをひとつ頭に入れて、本番で確実に使えるようにしておくとよいでしょう。(1) は感情を表す形容詞、(2) と (4) には文（S+V）、(3) には動詞（句）が入ります。

```
"I'd be thinking,
"I'm (1)_____ because (2)_____
_____.
I think I will/should (3) _____
_____.
For example, (4) _____
_____.""
```

これを元に本書（p.130）のイラスト4コマ目の女性について述べると次の例になります。

"I'm disappointed because I thought that my plan would be successful.
I think I should deal with the problem immediately.
For example, I can do some research on the park to find a quiet space for them."

練習には、やはり英検の過去問集（教学社 2019 など）にある4コマのイラストを用いるのが良いでしょう。4コマ目の人物にしぼって上記の練習をしてみてください。また、感情や動作表現の学習には『Doraemon — Gadget cat from the future』（小学館）のようなバイリンガルコミックや『Spirited Away Picture Book』（VIZ Media LLC）といった英語の絵本が役に立ちます。敢えて平易な内容のものを選ぶことで、試験に限らず日常会話で使える語彙や表現を充実させることができます。

Question No. 2 と No. 3 ではイラストのトピックに関して賛否（Yes/No）を問う質問がなされます。内容は基本的に社会生活に関するものなので、日ごろ耳にするニュースを聞き流すのではなく、常に批判的（critical）な視点をもって接するようにしましょう。様々なニュースサイトや放送がありますが、「NHK WORLD-JAPAN」のニュース番組『NHK NEWSLINE』を教材としたサイト「世界へ発信！ニュースで英語術」（https://www.nhk.or.jp/snsenglish/news/）を

活用してみましょう。放送された映像だけでなく、英文スクリプト、和訳、語彙の発音も掲載されている充実した英語学習者向けのサイトです。掲載記事の中で、例えば、アメリカの会社の特典を伝えた「"ペットと同伴出勤"で人材確保へ」という記事（2019年6月11日）に興味を持ったのであれば、これを受動的にインプット学習するのではなく、能動的に「自分はこの特典に賛成または反対か」、「日本では可能なのか否か」、「どういった問題があり得るか」などを考え、自分でアウトプット（口に出して言ってみる）学習をしましょう。難しく考えずに、記事に英語で「いいね！」または「まさか！」、「だって～だから」とつっこむ感じの気楽な学習で OK です。

　Question No. 4 では、比較的容易に回答できる No. 1 ～ 3 の質問とは異なり、時事的な質問が問われます。したがって、日々インターネット記事や英字新聞などで広く取り上げられるニュースや話題に触れ、英語の語彙を増やしつつ、解答に必要な背景知を身につけましょう。以下のように、The Japan Times のウェブサイトを閲覧して、気になったニュースを探し、面接をイメージしながらその際に使えそうな語彙やフレーズを書き留めます。そして自分の意見とその理由を英語で2～3文メモしておくとよいでしょう。スマートフォンやタブレットのメモアプリまたはノートアプリを活用すれば学習管理が容易になります。

Diet enacts casino bill despite stiff opposition
The Japan Times, July 20, 2018

メモの例

---

enact a bill 法案を成立させる
public concern about gambling addiction ギャンブル依存に対する国民の不安
revitalize regional economies 地域経済の活性化
My opinion: No
- it could increase the number of people addicted to gambling
- discussion about how to prevent a potential rise in crime is not enough
- it is unclear whether Japan will succeed in attracting wealthy foreign visitors

ニュースサイトのトップページに目を通すのを日課として、繰り返し扱われる社会的なトピックや気になる記事についてメモを作成するという手順にすると学習が長続きします。

> **まとめ**
>
> 二次試験（面接）は単に会話力を測定するスピーキング試験ではなく、4コマイラストの描写を含む独特な形式の試験となっています。よって、ここでは試験の流れに沿って各段階における対策と学習法を解説しました。日常的に一般的な会話力を伸ばすのは基本ですが、試験にスムーズに合格するにはより多くの試験問題に当たることで勘を養い、求められるスキルを上達させることが必須です。その手段のひとつとして、以下のような書籍（日常会話や発音に関するものと面接に特化したもの）をおススメします。

おすすめ参考図書（面接学習編）

- 旺文社（編）『14日でできる！英検準1級 二次試験・面接 完全予想問題』旺文社（2011）

    面接対策は多くの問題に取り組み、実際に描写してみることが基本です。『英検準1級 二次試験 完全予想模試』（成美堂出版）なども同様に役に立ちます。

- 石井洋佑『英語スピーキングルールブック』テイエス企画（2015）

    ナレーション（4コマイラストの描写）に必要な文構成のまとまりや論理構造、描写に使える表現などを、練習問題を通して身につけることができる学習書です。

- 静哲人『発音の教科書』テイエス企画（2019）

    日本人学習者が苦手とする発音とイントネーションを理解するとともに、レッスン形式でポイントを押さえつつ、より英語らしく発音するコツを学習できます。

- 長尾和夫・トーマス・マーティン『英語検定 写真描写問題トレーニング』秀和システム（2017）

    写真描写に特化した書籍です。多彩なテーマに関する写真描写に必要な語彙や表現の学習に加え、自身の意見の述べる方法も身につけることができます。

- 荒井貴和・武藤克彦『起きてから寝るまで英語表現1000』アルク（2017）

    自分の行動や考えを英語でつぶやくことで表現力・語彙力を伸ばす学習本です。日々の生活を学習環境として活用したスピーキング力アップが期待できます。

第4章
実践テスト

本書で学んできたことを踏まえて、
実践テストにチャレンジしましょう。

第4章 実践テスト

英検準1級 Half 模試 B

筆記試験 （解答と解説は別冊に掲載）

1 *To complete each item, choose the best word or phrase from among the four choices. Then, on your answer sheet, find the number of the question and mark your answer.*

(1) *A:* Excuse me. I'm looking for some gloves for cooking.
B: How about these? They are made of a material that (　　) heat up to 700 degrees.
1 distract　**2** outlive　**3** segregate　**4** withstands

(2) Often (　　) by the media as an ideal father, the actor thinks it is important to maintain a positive image in order to survive.
1 sentenced　**2** consoled　**3** portrayed　**4** associated

(3) Stan made a big mistake, but he tried to (　　) his colleagues' attention away from it, and didn't try to solve the problem.
1 sneak　**2** pledge　**3** preside　**4** divert

(4) *A:* Have you been to Jane's room? The interior is so cute.
B: Is it really? I heard that it's rather (　　).
1 relevant　**2** fragile　**3** brisk　**4** vulgar

(5) *A:* Dr. Hughes seemed a little eccentric at first, but it's undeniable that he is one of the best doctors in the hospital.
B: I agree. Now very few people have doubts about his (　　).
1 application　**2** executive　**3** competence　**4** inquiry

(6) *A:* I can't understand why I have to do such stressful tasks like these!
B: Calm down, Bob. Your boss probably thinks you are (　　) to stress.

1　dedicated　　2　resilient　　3　behavioral　　4　competitive

(7) Amanda ignored her husband's suggestion that she make a (　　) to the office. As a result, she got stuck in traffic and missed an important appointment.
1　detour　　2　slant　　3　freight　　4　menace

(8) Vincent spent about 10 months traveling around Asia before he started college. He still uses a key ring that he bought in Tokyo as a (　　) of his journey.
1　memento　　2　lapse　　3　solitude　　4　hunch

(9) Not only can technology make our daily lives more convenient, but it can also put many jobs in (　　).
1　inheritance　　2　apprentice　　3　exemption　　4　jeopardy

(10) Ashley often visits her grandfather who runs a farm in the countryside. She loves the horses there because they are very (　　) and easy to ride.
1　ongoing　　2　brutal　　3　infamous　　4　docile

(11) *A:* I can't believe Justine was late for the weekly meeting again.
B: Lucy (　　), didn't she? She wants her staff to always be punctual.
1　kicked in　　2　blew up　　3　got by　　4　dragged on

(12) There are many different ways to learn things. What is important is to try as many of them as possible and find the one that you think suits you best, instead of (　　) a specific method.
1　pressing for　　　　2　adhering to
3　shooting down　　　4　making out

(13) Peter is usually very (　　) at translating French, but the vocabulary and grammar were so old-fashioned that he had trouble understanding the document.
1　appropriate　　2　cosmopolitan　　3　soothing　　4　proficient

2 Read each passage and choose the best word or phrase from among the four choices for each blank. Then, on your answer sheet, find the number of the question and mark your answer.

Air Travel

Before airplanes, limited air travel existed in the form of gliders and hot air balloons. However, mass air travel as we know it today really took off after the Wright brothers' first successful powered flight in 1903. Since then air travel has become the premier way (**14**). However, early air travel was not easy. The earliest airplanes were small, slow, mostly made of wood, and could not cover long distances easily.

The first airplanes that could carry 20 or more people long distances safely arrived in the 1930s. These planes were made of metal, and although they still needed to (**15**), they could carry people across oceans. One of the first commercially successful airliners was the American-made DC-3. It was one of the first airplanes to be used by airline companies such as United Airlines, American Airlines and KLM.

These early airliners were powered by propeller engines. However, they would be replaced by jet airliners, the first of which was the British-made Comet. The Comet came out in 1949 and was soon followed by airliners from manufacturers such as Boeing and Douglas. (**16**) steady technological advancements in efficiency and safety, these are the same jets that most people use today for daily air travel.

(14) 1　we commute to and from work every day
    2　people get across long distances quickly
    3　most of us depend on to design planes
    4　successful inventors must be familiar with

(15) 1　taxi a plane quickly
    2　fly in one direction
    3　get passengers aboard
    4　stop for refueling

(16) 1　Except for
    2　For lack of
    3　In addition to
    4　For the purpose of

3 *Read each passage and choose the best answer from among the four choices for each question. Then, on your answer sheet, find the number of the question and mark your answer.*

Beetles

Beetles of all types make up an amazing 40 percent of all insects and 30 percent of all species of animals on the Earth. It is estimated that there are around 1 million species of beetles and they live everywhere in the world except in extremely cold places and in the water. The reasons beetles have been so successful is that they are diverse and have adapted to many kinds of environments. Some beetles eat dead flesh, while some eat dung. Some beetles are microscopically tiny, while some are over 10 centimeters in size. Despite their diversity beetles have several characteristics in common. They are insects so of course they have six legs, a head, a middle part called the thorax, and an abdomen. On the outside they are covered in several hard plates. Most but not all beetles have wings for flight.

As mentioned above, there are many kinds of beetles. One of the largest beetles in the world is the appropriately named titanus gigantius. It can grow up to 17 centimeters or the size of human hand. It is found in places such as Papua New Guinea and Brazil. Although titanus gigantius is huge, scientists believe that millions of years ago much bigger bugs existed due to Earth's thicker atmosphere.

Another interesting beetle that most people may not know is a beetle is the firefly. The much-loved bugs that glow at night as they buzz around are actually beetles. They glow because of a chemical produced in their lower abdomen. The most likely reasons fireflies glow are for protection. The glowing tells other animals that fireflies are toxic. The other reason is sexual selection. One species of firefly even uses the glowing to trick male fireflies into approaching and then eats them. Scientists are consistently learning facts such as these about beetles and the discoveries will likely continue for the foreseeable future.

(17) What is one reason people can see beetles all around the world?
1 Beetles are on the verge of extinction, and therefore, protected by governments around the world.
2 Beetles have hard plates on the outside that have enabled them to survive in different places.
3 Beatles' diversity has allowed them to adjust to many different environments.
4 Beetles manage to protect themselves by releasing toxic liquid from their thorax.

(18) Scientists believe that ancient beetles
1 were able to grow up to 17 centimeters, almost the same size as a human hand.
2 were larger in size because the Earth's atmosphere was thicker than today.
3 might have mainly inhabited places such as Papua New Guinea and Brazil.
4 were very different in shape but only slightly in color from beetles today.

(19) The author of the passage explains that fireflies glow because
1 the glowing is useful when they guide each other to food and safety.
2 by doing so they can tell other animals that they are poisonous and cannot be eaten.
3 they are active at night and need to tell each other where they are in the dark.
4 they need electricity when they produce a chemical in their abdomen.

The Carboniferous Period

The Carboniferous Period started 360 million years ago and ended 60 million years later. This period was marked by the growth of large number of trees around the world. Trees had only recently evolved and were spreading across the globe. These trees were different from the trees of today and had very shallow root systems. This meant that a lot of these trees fell over. However, unlike today where these trees would decompose, these trees simply stayed lying on the ground. That's because the bacteria that break down trees had not yet evolved. There was a great deal of food available to eat, but there wasn't any life to eat it.

The consequence of this situation was there were a lot of dead trees on the floor of forests stacked on top of each other. One result of this was that a lot of carbon pulled from the air was trapped in these fallen trunks. That trapped carbon is where the " carbon" of Carboniferous comes from. As the amount of carbon in the air decreased that meant that there was relatively more oxygen in the atmosphere. These days the amount of oxygen in the air is about 21%, compared to 35% in the Carboniferous. This higher availability of oxygen allowed invertebrates like insects to grow much larger than they can today. There were insects similar to modern scorpions that were more than 75 centimeters long. The largest of all these creatures were two meters long.

This situation is also responsible for most of the coal that humans have mined in modern times. Since the trees did not decompose they stayed around until they were covered by millions of years of earth. The pressure and heat generated by these higher layers of rock pressed the dead trees until they turned into energy-rich coal. Even after this intense pressure these beds of former trees could be over ten meters thick. The discovery of these coal beds powered the machinery that made the industrial revolution possible and still serve as the fuel source for a third of the world's electrical power plants. The ecological history of the Carboniferous had echoes that affected human history hundreds of millions of years later.

Eventually the Carboniferous Period came to a conclusion, coincidentally due to the very reason it was so distinctive. Just as too much carbon is causing the earth to heat up today, a lack of carbon caused the earth to cool down. As the climate got colder many of the trees in the rainforest died off. Glaciers covered much of the land and crushed those still remaining. Eventually the climate returned to normal but only a fraction of trees were still remaining. Also by that time bacteria and other microorganisms evolved that could eat lignin and cellulose, the tough materials that made up trees and initially made them resistant to decomposition. While trees still make up a large amount of the biomass on earth, they are not the dominant ecological force they once were.

(20) Why did tree trunks build up on forest floors in the Carboniferous Period?
 1 People had not yet discovered how to build using trees.
 2 There was no life there that could eat their wood.
 3 The weather was so cold that they froze solid.
 4 Most animals were carnivorous and didn't eat plants.

(21) What caused insects to grow so large during the Carboniferous Period?
 1 A different composition of gases in the atmosphere.
 2 A large amount of food that was available to eat.
 3 A scarcity of predators that could eat them.
 4 A warm climate that helped cold-blooded creatures.

(22) The Carboniferous Period affected human history by
 1 the evolution of animals that would be used in agriculture.
 2 creating an energy source that is still used to create energy.
 3 starting the current climate era that humans still live in.
 4 giving humans the materials needed to construct buildings.

(23) What caused the end of the Carboniferous Period?
 1 Rising ocean levels killed trees with salt water.
 2 Large insects ate most of the Earth's trees.
 3 A volcanic eruption blocked much of the sun's light.
 4 Changes in weather killed many of the trees.

4 English Composition

- Write an essay on the given TOPIC.
- Use TWO of the POINTS below to support your answer.
- Structure: Introduction, main body, and conclusion
- Suggested length: 120-150 words

TOPIC

Agree or disagree:
Some time in the future banks will no longer be necessary.

POINTS
- *Security*
- *Convenience*
- *Electronic money*
- *Service*

Listening Test

（音声スクリプト・解答と解説は別冊に掲載）

Part 1

No. 1   1 He already has a checking account at the bank.
      2 He found a better offer from another bank.
      3 He won't have enough money for the offer.
      4 He earns more than $300 a week.

No. 2   1 He can't find enough time for practicing.
      2 He doesn't have a good tutor who can teach him regularly.
      3 He lost some practice books he had borrowed from the woman.
      4 His fingers hurt while playing the guitar.

No. 3   1 Go jogging in his new shoes.
      2 Have his feet measured with a device.
      3 Visit the Foot First to buy a present for the woman.
      4 Buy a new pair of shoes at a reasonable price.

No. 4   1 He didn't plant enough flowers in his garden.
      2 He used too much soil for his flowers.
      3 He should have watered the flowers more frequently.
      4 Something was wrong with the hydrangeas.

No. 5   1 Its lunch menu is not satisfactory.
      2 The dinner menu comes with meat and cheese.
      3 She enjoys their lunch special.
      4 She has been there a few times for dinner.

No. 6   1 The plot of the book sounds boring to him.
      2 He is currently reading something else.
      3 He would have to return it to the library for her.
      4 The book has already been checked out.

Part 2

(A) **No. 7**
1. Ever increasing energy costs.
2. The heat flowing from the nearby areas.
3. Buildings soaking up the sun's heat.
4. Weather patterns affected by tall buildings.

No. 8
1. Painting rooftops and walls green is the most effective way.
2. Growing more plants helps prevent buildings from absorbing heat.
3. Reducing energy usage is necessary but unrealistic.
4. More and more cities are building green pavements.

(B) **No. 9**
1. They are more useful because they are lighter and stronger than normal desks.
2. They don't pose some of the health risks that prolonged sitting does.
3. They are a more efficient use of space, so many employers prefer them.
4. They can be used to treat spinal injuries and heart disease.

No. 10
1. Taking enough days off to treat illness.
2. Consulting a doctor to schedule breaks.
3. Walking outside at a faster pace than usual.
4. Getting up from your desk and moving around for a short time.

(C) **No. 11**
1. They are less expensive to run than a normal restaurant.
2. Mobility and safety are the most important factors in the food truck business.
3. Most of the owners of the trucks are facing financial problems.
4. They are gradually replacing normal restaurants in many places.

No. 12
1. Many cooks are returning to traditional cooking methods.
2. Use of rarer and more expensive spices is becoming common.
3. People are asking for more vegetarian food options.
4. Some trucks offer combinations of national cuisines.

Part 3

(D) 🎧29

No. 13

Situation: You are at the front desk of a hotel. You are about to go to the airport spending the least amount of money possible. You are told the following from the receptionist.

Question: What should you do?
1. Choose the bus to get to the airport.
2. Wait for the hotel shuttle to be repaired.
3. Ask the receptionist to call a taxi.
4. Reserve the cheapest seat on a train.

(E) 🎧30

No. 14

Situation: A coworker of yours, Richard, has resigned. Your boss is discussing with you how the new work load will be shared among you and others in your division. You listen to the following instructions.

Question: What should you do?
1. Find a replacement for Richard.
2. Have a conversation with Tina.
3. Make new estimates for tasks completed per week.
4. Schedule an appointment with your boss.

(F)
No. 15

Situation: You are planning a trip with a friend. You want to spend the least amount of time walking around. Your friend is telling you about hotel options.

Question: Which hotel should you suggest booking?
1 The Crown Hotel.
2 Sunshine Hostel.
3 Good Nights Hotel.
4 Sky Hotel.

二次試験

（解答と解説は別冊に掲載）

模擬面接
問題カード

You have **one minute** to prepare.

This is a story about a woman who works at the city office.
You have **two minutes** to narrate the story.

Your story should begin with the following sentence:
One day, a woman was talking with her boss in their office.

1

2

4

3

Questions

No 1.
Please look at the fourth picture. If you were the woman, what would you be thinking?

No. 2
Do you think that it is necessary for children to go play outside?

No. 3
Do you think that children have fewer opportunities to have fun with friends?

No. 4
Should the local community have stricter rules on the use of public spaces?

Interview Test Sample 音声

- Model Narration
- Questions
- Model Answers

第 5 章
指導法を知る

英語の教科指導法について
必須事項をコンパクトにまとめました。
読解以降の指導例には第4章までで取り組んだ
英検準1級の対策問題も
素材として出てきます。
実際の指導に使える「技」を知るとともに、
これまでの自身の学習を教師目線で振り返り、
教師として学習者として
さらなるレベルアップを図りましょう。

はじめに

　ここでは読者のみなさんが実際に教育現場に立ち、(小) 中高生に英語を指導する際に、注意するべき点やおすすめのやり方などを紹介します。英語教授法について書かれた本は日本語のものだけでも無数にありますが、おそらく最も網羅的なのは「英語指導法ハンドブック」シリーズ（大修館）でしょう。また、近年は小学校での英語教授法（酒井 2017、ブルースター＆エリス 2005、樋口他 2013 など）、第二言語習得研究に基づく教授法（鈴木 2017、JACET SLA 研究会 2013、和泉 2009 など）、コーパスやウェブ検索などテクノロジーを利用した教授法（赤野＆投野 2014、衣笠 2014 など）などの書籍が増えています。教壇に立つ前に身につけるべき心構えや言語学習観、詳細な指導法の解説などはそれらに譲るとして、本書では仮にみなさんが明日授業を行うとして、必ずおさえておかなければならない「これだけは」という点と、実際に使える「技」を、なるべくコンパクトにまとめます。みなさんの英語教師としての引き出しの中身に加えていただければ幸いです。

第5章 指導法を知る
語彙・読解の指導

I 語彙の指導

　現行の指導要領では、それまでの指導要領に比べて3割以上も語彙数が増えました。語彙指導の重要性が増したことはもちろんですが、今後はそれをさらに、基本的には英語を使って教えなければなりません。一方で、毎回の授業で語彙指導だけに割ける時間はさほど多くありません。語彙の指導はなるべく短時間で、授業の流れの中で、継続的かつ効果的なものを目指す必要があります。

1. 語彙知識とは

　語彙指導の目的とは何でしょうか。「知っている単語を増やす」と言えば簡単ですが、その意味は複雑です。外国語教育における語彙指導の大家である Paul Nation の整理が役に立つでしょう（Nation 2001）。彼は語彙知識を形（発音・綴りなど）意味（語が指すもの・概念など）、使用（文型・コロケーション・文脈など）の三種類に分けた上で、それぞれについて「受容語彙（分かる）」と「発表語彙（使える）」の二種類を区別しています。考えれば当たり前のことかもしれませんが、生徒に急に質問されても答えられるようにしておきたいですね。

2. どのくらいの語彙が必要なのか

　このような素朴な疑問もよく尋ねられます。再び Nation（2001）を引用すると、英語で最も使用頻度の高い2000語を知っていれば、会話や物語の9割程度、新聞や学術書の8割程度が分かるとされています。この2000語というのは複数のコーパスでほぼ一致するということなので、どんな教材や単語集を使っていても、初期の2000語が最重要という考え方でよいでしょう。ただし、Nation は文章を理解するにはほぼすべての単語（98%）を知っている必要があるという主張もしています。また、日本の大学入試センター試験レベルの文章をすらすらと読むための語彙レベルは 4000 〜 5000 とも推定されています（相澤＆望月 2010）。2000語を超えたレベルの語句も、少なくとも 4000 〜 5000 語くらいまでは、分かるにこしたことはないという結論になります。

3. 紙辞書 vs 電子辞書

　一般的に、教師は紙の辞書を勧め、生徒は電子辞書を好みます。学校によって方針も異なりますから、教える側はどちらも使えるようにしておき、どちらの強みも弱みも知っておくとよいでしょう。ちなみに学習効果という観点でいうと、記憶に残すという意味では紙の辞書の方が優勢なようです。アンダーラインなどの書き込みをするとさらによいのですが、辞書に限らず書籍であっても電子よりは紙書籍の方が記憶に残ることを示した研究もあり（Jabr 2013 参照）、紙という媒介自体が電子媒介よりも視覚情報を記憶に残しやすいのかもしれません。反対に電子辞書の強みは持ち運びの簡単さもさることながら、複数辞書検索、例文検索、音再生、単語帳作成機能などの多様な機能でしょう。必要な情報を素早く得るということであれば、電子辞書が便利です。ただし、紙の方が定着するというのならば、あくまでも電子辞書は調べるために使い、知り得た情報をなんらかの紙媒体に書き写すことが望まれます。近年はここにさらに、スマートフォンやタブレットなどを使ったウェブ検索が加わって、調べるということについて学習者の選択肢は増え続けています。

4. 単語集の活用

　ほとんどの学校で、特に高校生にはなんらかの単語集を持たせていることでしょう。ただ持たせるだけではなく、一定のペースで小テストを課すことが多いです。ただし、気をつけておかなければならないのは、単語集だけで発表語彙が増えるということはまずないということです。文脈のない中でただリストを覚えただけでは、せいぜい形の認識と母語を介した意味の一例を覚えるだけで、使用には転化しません。覚えたものも時間が経つと思い出せなくなることが多いようです。フレーズで覚える「システム英単語(駿台)」、例文で覚える「Duo 3.0(ICP)」、文章で覚える「速読英単語（Z 会）」など、単語集もそれぞれ工夫をしていますが、いずれにしても、文脈の中で同じ語に何度も出会う経験や、自分で使ってみるということがない限り、定着は難しいようです。

　そのような単語集の限界を認識した上で、せっかく利用するならばなるべく有効活用したいものです。以下に、おさえるべき原則を挙げます。

① 音を確認してから覚えさせる
　音→文字という順番は言語習得の大原則ですが、語彙の習得でもそれは変わりません。実際に学習していても、発音できない語を覚えるのは難しいだけでな

く、その後の使用でも困ってしまいます。可能であれば授業中に発音練習をしてあげましょう。先生が発音して見本になるのが一番授業の流れをきりませんが、自習用にCDが付いている単語集も多く、アルク社の「キクタン」シリーズのようにもともと音から入る作りになっているものもあります。

② 書けるようになるべき語と、見て分かればよいものを区別する

ほとんどの単語集は前半が「基礎編」、後半が「上級編」のようになっています。語のレベルに合わせて、たとえば小テストの中で綴らせるか意味を選ばせるか（あるいは同意語を選ばせる）を判断するようにしましょう。また、使えるようになるべき語・意味については、なるべく代表的な使用例を示すようにしましょう。高頻度の語に的をしぼるという意味ではBaumanの公開しているGeneral Service List（GSL）やJACET8000（JACET 2016）も参考になります。

③ 復習をうながす

暗記学習では、一度に完璧に覚えること以上に、後になって思い出せることが重要です。とはいえ授業時間は限られているし、小テストをしている場合にもそれを何度も繰り返す余裕はないでしょう。生徒の力や授業進度にもよりますが、例えば一定の範囲を終えた後に「語彙まとめテスト」を行う、少し前にやった範囲を再度テストする（口頭でも可）、再度音読するなどのやり方が一般的です。ビンゴにしたり、ペアでクイズ形式にするなど工夫することもできます。

④ 並行して自分の単語ノート（またはカード）を作らせる

単語集を読むというのは、辞書を読むようなもので、自分なりの工夫を加えないと記憶に残りにくいものです。あくまでも単語集（及び辞書）は情報源であり、集めた情報(＝新たに覚えたい内容)は別の形で残させるようにしましょう。単語ノートを作るのが一般的ですが、例えばNation（2001）はシャッフル機能や情報の追加が容易などの理由で、少し大きめのカードを使用することを勧めています。やり方はどうであれ、はじめは語とその意味1つでもよいですが、徐々に「品詞」「例文」「派生語」その他の情報を追加するよう促しましょう。

カードの例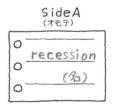

語彙・読解の指導

5. 読解と語彙

　授業で新しい語に出会わせ、それを定着させようという試みは、実際には読解指導の中で行われることが多いです。生徒にとって未知の語の意味や発音を教えることで読解を容易にし、その後復習の中で語の定着をうながすことで、文脈・コロケーションといった使用面を含んだ語彙指導が可能です。以下に、読解指導と並行して語彙指導を行うときの原則を挙げます。

① できる限り推測させる

　せっかく文脈の中で語に触れるのですから、先生が一方的に訳すなどして意味を教えるのではなく、話の流れ、文中の位置、品詞や後に触れる接辞などから、できるかぎり生徒に意味を推測させましょう。「英語は英語で」の流れにのっとり、選択肢やパラフレーズ、時にジェスチャーなどを折りませて意味を伝えることで、生徒に対して見本を示すことにもなります。ただし、時間を節約して他の作業の時間を確保したい、新出語彙が多く推測するのは無理があるなどの理由でトップダウンで教える必要のあるときには、あらかじめ単語リストを配布したり、後に述べるように日本語訳を併用していっきに覚えさせる手もあります。

② 内容理解のために重要な語にフォーカスする

　第二言語習得研究で繰り返し言われているように、言葉の形式と意味に同時に注意を向けることは現実的ではなく、ともすれば語彙や文法構造に注意が行きすぎ、肝心の読解がおろそかになる危険があります。読解の前や途中は、できるかぎり内容理解のために重要な語に的を絞りましょう。更に言語の形式面に踏み込みたいならば、それは読解が終わって意味の理解が負担にならない段階で行いましょう。

③ 時間をあけて繰り返す

　読解を通して語彙に出会うやり方は、最も自然な語彙学習と言えるでしょう。一方で、特に外国語の場合、英文の量自体も限られていて、出会う語もその意味も限定的です。工夫をこらしてなるべく強く印象付けたとしても、一度覚えた語は時間が経てば忘れてしまうのが常ですから、繰り返し時間をおいてテストしたり、覚え直しを促す必要があります。

④ 多読との併用

　教科書等を時間をかけて、覚えるほどにしっかり読む精読（intensive reading）と、自然な言葉の発達を促す多読（extensive reading）は、どちらが良いとい

うものではなく、互いに補完する関係にあります。時間の限られた外国語学習においては、前者が一般的であり、より効果的とも言われています（Nation 2001）。一方で多読による学習は、しっかりとした手順を踏めば効果的であることは間違いなく、また学習への動機を高めるきっかけにもなりえます。英文多読についてはたとえば上田（2010）、高瀬（2010）が参考になります。

Ⅱ 語彙活動例

先に述べた指導の原則をおさえつつ、明日にでも使える手軽な活動例を挙げます。

(1) フラッシュカード（導入、復習）

教材に付属している場合もありますが、そうでなくてもワープロソフトを使い、両面印刷すれば簡単にできます。生徒に覚えてもらいたい語が決まったら、片面に英語、その裏面に覚えて欲しい意味を日本語で書きましょう。その際に裏面が透けて見えないように、フォントの色をグレーにするとよいでしょ

う。第一アクセントのついた母音の色を変えるのもおすすめです。

〈例：導入〉

導入の場合は多くが未知の語になるため、基本的には教師がインプットを与えます。その際にいきなり発音を聞かせるよりは、Can you read this word? のように問いかけて、一瞬考えさせるようにしましょう。続けて教師が発音、2回目か3回目の発音のときに裏返して日本語の意味を見せ、最後はもう一度英語を見せて発音します。導入なので生徒が無理にリピートする必要はありませんが、筆者の経験ではテンポよくやれば生徒はほぼ毎回発音を真似してきます。発音して欲しいときにはPlease repeat. とプロンプトをはさんでもよいでしょう。

〈例：定着〉

教科書の一定量を学び終えた後に、今度は簡単な復習として、日本語を見せ

て英語を言わせます(その後正解を示し、発音を繰り返させる)。少々時間に余裕のあるときや、採点して成績に加えたい場合は、英語を言わせるのではなく小さな紙に書かせるという手もあります。タイミングとしては、次のパートやレッスンに行く前にやるのが普通ですが、さらなる定着を目指すためには、だいぶ時間が空いたのちに、一部を選んでやるのもおすすめです。

〈注意点〉
　フラッシュカードの利点として、作成の容易さもさることながら、一度作ってしまえば繰り返し使いまわせることと、使い方が誰にとっても(生徒にとっても)分かりやすいことが言えます。また、前で語を提示することで生徒の顔があがり、授業に活気と一体感を与えます。一方で、文脈が示されていない、時間が長いと単調さが際立つ、といった弱点もあります。あくまでも授業の開始時や節目のところで、短く元気に、テンポよく、がフラッシュカードの原則です。くれぐれも、気づいたらフラッシュカードで練習しているだけで授業の半分が過ぎていた、などといったことがないようにしましょう。そのためには「取り上げるべき語の選択」が重要です。読解と絡めるのであればあくまでも内容理解のために必須の語で、文脈や生徒の既知情報からでは発音や意味を推測しにくいものから取り上げましょう。

〈応用〉
　上は「英語⇄日本語」のオーソドックスなフラッシュカードをイメージしていますが、少し応用したものとして「発音記号⇄綴り」、「絵⇄英語」、「英語⇄簡単な英語でのパラフレーズ」などがありえます。

(2) 絵の活用(導入、復習、投げ込み)
　文字だけでなく絵を利用すると、語の意味がより記憶に残りやすくなります。特に抽象的な語や、日本語と1対1対応しない語、多義語などは、絵と結びつけて覚えさせるのがおすすめです。教科書に付属している場合もありますが、最近ではインターネットの画像検索で色々な絵がすぐに見つかります。多義語のイメージなどは大西&マクベイ(2017)、大西他(2018)、セイン(2013)などが参考になります。

〈例：導入〉
　1語にたいして複数の絵を用意して、それぞれ示しながら何度か発音させることで、意味の広がりをイメージさせるやり方がおすすめです。中学初期など、扱う語が少ないときにはこのようなやり方がよいでしょう。また、with, by などの前置詞や、help, serve などの多義語、mammal, hero などのカテゴリー語の指導では、複数の絵と組み合わせることで、和訳に頼ることなく意味をつかませることが可能です。

〈例：復習・投げ込み〉
　絵を先に示して、生徒に語を当てさせます。ちょっとしたクイズ形式になります。Guess the word that I have in mind. とふっておいて、ヒントとして絵を順番に示すとよいでしょう。

〈注意点〉
　絵を使うことで、日本語を介さずに語の練習ができる反面、本当に生徒が語の意味を正しく覚えているかどうかは分かりにくくなります。適宜辞書で意味を確認させたり、宿題として扱った語を単語ノートにまとめさせるなど、他の作業と連動させましょう。絵はあくまでも導入や、後で思い出させるときのサポートと考えましょう。

〈応用〉
　絵心のある人なら、自分で絵を書くのもよいでしょう。目の前で絵を書き始めて、語を当てさせるのも楽しいですね。また、ときにはものの断面図など、わざと分かりにくい絵を提示してクイズ形式で遊ぶのも面白いと思います。

(3) 訳を使って覚える（導入、復習）
　特に高校後半の教材では新出語が多く、既習語であっても生徒が忘れていれば、それは新出語と変わりません。この場合フラッシュカードなどで丁寧に扱うよりは、一度に英語と訳をリストアップして、繰り返し声に出して覚えさせたほうが効率よいでしょう。

〈例：導入〉
① あらかじめ重要語をリストアップ（データになっている教科書もあります）。

語彙・読解の指導

② 左右2段に分けて、片方に英語、他方に覚えて欲しい意味を提示（可能であれば電子黒板かプロジェクターを使用、さもなくばプリント）。
③ 「これを全てこの場で覚えてしまいましょう」と宣言し、それぞれ英語、日本語の順番で繰り返し言わせる。ここで英語と日本語の両方を声に出させると、後で思い出すときに役立つようです。ある程度繰り返したら、順番をランダム化したり、教師が日本語生徒は英語、その逆、などを試します。
④ その後、制限時間を与え（2分から最大5分程度）、一人かペアで覚えさせます。
⑤ 時間がきたら全員立たせます。各人、教師が適当に選んだ5語程度を、日本語から英語にできたら合格で座れます。人数が多い場合はペアでやらせましょう。

〈例：復習〉
　上の導入例の⑤立たせるところから始める。はじめに使用したリストの英語のところだけを消したものを配布し、書かせる形の小テストにすることも可能です。

〈注意点〉
　導入でこれを行うのは、丸暗記を短い時間で効率よく、テンポよく行うことが目的であり、あくまでもその後の読解をスムーズにすることが大切です。新出語が少ない場合や、オーラルイントロダクションのようにより技能統合的なやり方で読解に入る場合には不要と考えましょう。また、生徒が辞書を使って丁寧に予習をしてくるという、予習中心の指導をしている場合は、復習時の単語テスト対策という位置付けがよいでしょう。

〈応用〉
　丸暗記したものは時間がたつとほとんど思い出せなくなります。そこで、授業用の単純なプリントとは別に、復習・宿題用のプリントを配布するのもよいでしょう。そこでは各語について、「品詞」「発音（アクセントの位置など）」「コロケーション（教科書の例文など）」「派生語（あらかじめ品詞を指示）」を書かせます。単語ノートを作らせている場合は、そのプリントはそのままノートに貼り付けさせることも可能です。

(4) ビンゴ（復習）

　お馴染みのゲームなので取り組みやすく、授業にちょっとしたパーティー気分をもりこみたいときに使えます。要領は普通のビンゴのマス目に英単語を入れるだけです。

〈例：復習〉

① 4かける 4、または 5かける 5くらいのマス目を作り、各マスに一定の条件の中から選んだ語を 1語ずつ、自由に書き入れさせる。条件はたとえば「不規則の過去形」「Lesson 1に登場した重要単語」「配られたリストの中の語」など。
② 教師がランダムに語を読み上げ、該当する語があればチェックをつける。
③ 一列揃った生徒は Bingo! と申告。可能であれば簡単な景品（シールなど）を出したり、ボーナスポイントを加算する、授業終盤であれば揃った生徒から座って自習してよい、などのご褒美があると盛り上がるでしょう。

〈注意点〉

　あくまでも語彙学習のためのビンゴなので、間延びは避けましょう。知らない語や脈絡のない語で行うよりは、それまでに学んだ語がよいでしょう。予測のあたりはずれで十分に盛り上がります。少し授業に余裕があるとき、1レッスンや 1パートを終えたときの復習をかねて行ってみてはどうでしょうか。なお、初級の生徒は単語を書くのに時間がかかり、綴りの（写し）間違いも見られます。その場合は前の授業の最後にマスを埋めさせて、一旦回収してざっと目を通してあげるのもよいでしょう。なるべく生徒が自分で語を選んで書き込むようにしたいところです。

〈応用〉

　ビンゴゲームはごく初級の場合は数字や単語の聞き取りで行うのもよいでしょう。13と 30、dogと duckの発音で迷ったりして楽しめます。高校レベルでは「派生語は OK」「綴りが間違っていたら失格」などしばりを増やすことで、様々なレベルで楽しめます。

(5) ペアで単語クイズ（復習、投げ込み）

　二人組でそれぞれ指定された語を、相手に英語で伝えます。語自体を直接覚

語彙・読解の指導　143

えようとするのではなく、その語を使って活動することになるため、より深い意味での定着が目指せます。ちょっとした英会話活動にもなるため、ときおり投げ込んでクラスを活性化させるにもおすすめです。

〈例：復習〉
① ペアを組ませる。出席番号の小さい方がAさん、大きい方がBさんのようにあらかじめ指定すると後の指示がしやすいです。3人の場合は2対1で分かれさせるとよいでしょう。
② はじめはBさんが顔を伏せて、その間にAさんに語を提示します。1回ごとに、最近学んだ語を5語程度がよいでしょう。意味のわからない語がある場合は前に来させてBさんに聞こえないように教えます。その後、30秒程度準備時間を与えて、本番開始です。
③ 2分程度の制限時間内に、Aさんが英語で説明して、Bさんは答えだと思う語を筆談します（他のペアに聞こえないようにするため）。
④ 時間が来たら全員に答えを提示し、同様の手順を役割を替えて繰り返します。

〈例：投げ込み〉
　上と同様の手順を、ランダムな語で行います。はじめのうちは物や動物名など具体的な語で行い、慣れてきたらweather, happinessなど抽象的な語にするとよいでしょう（派生語の問題があるので、品詞はあらかじめ指定しておいた方がよいでしょう）。

〈注意点〉
　この活動は語彙学習において「生徒に英語を使わせる」ことを狙いとしています。教師も指示をなるべく英語で行いたいものです。以下に英語の指示例を示します。
① Now, please get into pairs. Let's play a vocabulary quiz.
② The person with the smaller ID number is person A. The other person is person B, OK? Now, person A, raise your hand. （←手を上げさせて確認）
③ I'll show you a list of five words. Your mission is to memorize them, and then communicate them to your partner WITHOUT saying the words. You have to explain each word in English.
④ First, person B, look away [face down]. Person A, please look at the

words. Do you know all these words? If you don't know any of these words, come up here.（←こっそり意味を教える）
⑤ OK, memorize them. Can I hide them now?
⑥ Person B, you can look now. In 30 seconds, we'll begin. Remember, person A cannot say the words and you have to use only English. Person B, when you think you know the answer, DO NOT say it. Just write it down and show it to person A.
⑦ Do you understand the rules? Are you ready? Go.

　いきなりペアでやらせるのが不安な場合は、先生が A さんの見本になって、生徒全員が B さんになるとよいでしょう。答えがわかったと思った生徒は前に来て、先生の耳にささやきます。正解の場合はその生徒に、大きな声で言わせます。一度やり方が分かれば、その後はスムーズに行えます。

〈応用〉
　この活動は、語とルールを変えることで難易度を調整できるため、あらゆるレベルで使えます。ルールの応用として、「連想ゲーム形式（簡単で楽しい感じになります）」、「言い換え表現はダメ（少し難しくなります）」「It's a kind of 〜 that というテンプレートを使う（関係詞の学習に使えます）」「ジェスチャーはダメ（反対にターゲットを動詞にして「ジェスチャーのみ」もあり）」などが一般的です。時間に余裕があるときには、活動後に上手く伝えられていた人の例をクラスで共有するとよいでしょう。

(6) 接頭語・接尾語など語の構成の指導（適宜）
　高校以降ある程度学習が進むと、語の一部から意味を推測したり、品詞を見抜くような働きかけが効果を持ち始めます。生徒によっては「目からウロコ」と一気に興味を持つこともあります。あくまでも授業の流れを切らぬ範囲で、語の説明をする際には積極的に語の構成に触れましょう。

〈例：ful と able の対比〉
　respectful（丁重な、うやうやしい）と respectable（尊敬すべき）はしばしば混同される 2 語ですが、語の成り立ちはいささか異なります。西川（2013）によれば、ful は英語の本流であるアングロ・サクソン系の接尾語で、意味は

形容詞の full と同じく「〜に満ちている」。この接尾語は基本的に名詞の後につき、「〜に満ちている」という意味の形容詞を作ります。すなわち形容詞 respectful は名詞 respect（尊敬）+ful（〜に満ちている）の合体ということになります。対して able はラテン系の接尾語で、他動詞について「〜できる」の意味の形容詞を作ります。形容詞 respectable は動詞 respect（〜を尊敬する）+albe（〜できる）の合体ということになります。

〈例：in と ex の対比〉

　接頭語 in と ex は、それぞれ「内へ」「外へ」という反対の意味を表します。interior（内装）、import（輸入）と言った語を指導するにあたって、それぞれ反意語の exterior（外観）、export（輸出）に触れることで、同様の他の語の理解にもつながることが期待できます。

〈注意点〉

　上の例にとどまらず、接辞に触れることは学習者の英単語への理解を深め、さらに他の語の意味を推測する助けになるため、質と量の両面で語彙学習の助けとなる可能性があります。ただし、深追いは禁物。英語は長い年月をかけて複数の言語を取り込んで進化してきたため、幾つかの語で通用する説明が、他の語では使えないということが多々あります。例えば接頭語 in には、上にあげた「内に」という意味のものとは別に、inexpensive（廉価な）や impossible（不可能）に見られる「否定」の意味のものが存在します。また、接辞が直前直後の音によって変化する（in が直後の p の影響で im になるなど）ことも多く、学習者によっては混乱することもあるでしょう。言葉のルール全般に言えることですが、あくまでも個々の表現を説明する際に使える時は使い、絶対視はしないほうがよいでしょう。深追いは禁物。その上で、繰り返し、機会あるごとに語の構成に触れてあげるようにしましょう。

〈応用〉

　英語教師であっても、必ずしも語の構成に親しんでいるわけではありません。折に触れ自分でも確認しながら、使える時に投げ込むという姿勢でよいでしょう。ときには生徒に自分で確認させることで、より自律的に辞書を活用した学習を奨励することも大切です。なお、仮に1コマ程度のまとまった時間を接辞にさいてみたいということがあれば、相澤＆望月（2010）にプリントアウト可

能なワークシートとレッスン案が紹介されています。接辞について詳しく体系的に学び直したいという方には、西川 (2013) がおすすめです。また大名 (2014) には、より包括的に英語の成り立ちや語源、綴りのルールがまとまっています。

(7) フォニックスの活用（適宜）

フォニックスは発音記号に頼らずに英語の発音と綴りを覚えるための一連の規則で、主にアメリカの小学校などで利用されています。初級から「この語は最後に e がつくから直前の母音は長く発音」「同じ子音字が 2 つ続いたら直前の母音は短く発音」のように適宜発音指導を入れることで、生徒は徐々に「英語の典型的な綴り」に慣れていきます。

〈例：マジック e〉

アルファベットには母音字（a, e, i, o, u）と子音字（それ以外）がありますが、子音字の読み方がほぼ一定なのに対し、母音字は基本的に「音読み（短い）」と「名前読み（長い）」の 2 つがあります。ある母音字がどちらの読みになるのかを見分ける方法の 1 つが、後ろに続く e。例えば bite（噛む）の過去形は bit ですが、それぞれ /bait/、/bit/ と発音が分かれます。違いは前者には最後に e が付いているということなのですが、このような e はそれ自体が発音されず、「直前の母音字を長く読むべし」という記号としてつけられています。フォニックスでは「（直前の母音に魔法をかける）マジック e」と呼ばれるもので、このルール 1 つ覚えるだけで、mat と mate、pet と Pete の発音と綴りの関係がすっきりします。ちなみに動詞が現在分詞化するときにつく ing にも同様の力があり、write が writing になるときに e が落ちるのは、ing によってマジック e が不要になるからだということです（大名 2014）。

〈例：子音字が 2 つに増える場合〉

上のマジック e は「直前の母音を長く読む」という印ですが、反対に「短く読む」というメッセージのこめられた綴り方が、子音字の 2 連続です。例えば late（遅い）は /leit/ と発音しますが、latte（ラテ、ミルク）は /ラテ/ と発音します。マジック e の力が、t が 2 つあることで打ち消されるためです。このルールが腑に落ちれば、例えば write（書く）の過去分詞 written でなぜ t を 2 つに増やすのかがわかります（/raitn/ ではなく /ritn/ と発音するため）。

語彙・読解の指導　147

〈注意点〉
　接辞に目を向けるのが高校以降とすれば、フォニックスは小学校・中学校の初級レベルにおすすめです。音から英語に触れる初級者が、発音をヒントに綴りを覚え、そして綴りをヒントに発音するという流れを作れるからです。ただし、フォニックスについては例外も多く、あくまでも発音と綴りの基本的なルールという認識が必要です。接辞や語源と同じく、深追いは禁物。適宜触れるのがおすすめです。

〈応用〉
　アルファベットにおける「音読み」と「名前読み」の２つを区別させることは、ごく初級者の文字・発音指導においてたいへん効果的です。A 〜 Z を、中に含まれる母音の音が /ei/ のもの（A, H, K, J）、/i:/ のもの（B, C, D, E, G, P, T, V, Z）、頭に /e/ のつくもの（F, L, M, N, S, X）、/ai/ のもの（I, Y）、/ju/ のもの（Q, U, W）、それ以外（O, R）に分けることで、バラバラに発音を覚えるよりも正確に、自信を持って発音させることができます。この他にもフォニックスには「発音」と「綴り」を関連させて同時に伸ばすための工夫が満載で、特に初級者を教える方には必須分野と言えます（詳しくは松香 1981 など）。

(8) 発音記号指導（適宜、投げ込み）
　近年は発音記号を指導しないことが多く、一部の暗号解読力に優れた（？）生徒だけが、単語帳やカードに発音記号を併記する傾向にあるように思います。しかし、辞書をしっかり活用するためには、発音記号の知識が必要です。特にフォニックスのルールから外れる綴りパターンに対しては、発音記号で確認させるとよいでしょう。

〈例：ou・ow の発音〉
　ou・ow の綴りは /au/ と読むのが基本ですが（house, loud, how, now など）、mould, low のように /ou/ と読む場合もあり紛らわしいです。他にも high, enough における gh など（前者は読まないが後者は /f/ と発音）、同一綴りが複数の発音になる場合、適宜発音記号を示して発音させるとよいでしょう。

〈例：アクセントの位置〉
　綴りになくて発音記号にあるものはアクセント位置の表記です。これは語彙

学習において、特に発音をマスターする上で重要な意味を持ちます。それは、2音節以上の英単語において、最も強く発音する位置の母音（第1アクセント）のみがしっかりと本来の発音になり、残りはほとんどが曖昧母音 /ə/ になってしまうからです。global（地球規模の）も hospital（病院）も、正しく発音するべき母音は o のみで、他はむしろ子音をはっきり発音することを心がけるべきです。

〈注意点〉

　上に述べたように、英語の語彙学習において、発音記号は有益なものです。それではなぜ近年は発音記号が避けられる傾向にあるのでしょうか。電子辞書などを用いて実際の音を確認できるようになったことも大きいでしょうが、加えて発音記号が必要以上に厳密で、教室で扱いづらいということがあると思われます。辞書にもよりますが、/ə/ と /ər/ を区別したり、/ɑ/ /ɔ/ を区別するのが普通です。これらは確かに違った音ではありますが、学習者にとって区別する必要はあまりないでしょう（内田 2015）。厳密に区別することの弊害は、例えば動詞の過去形を表す ed の指導にも見られます。一般に無声音の後は /t/、有声音は /d/、/t//d/ など類似の音の後では /id/ と発音するべきと指導され、時にはこの区別がテストに出ることすらあります。しかしながら、これらの区別は話者が意図的に行うことというより、周囲の音と同化するという言語全般に見られる現象の影響であると考えられます。発音記号的に異なるからといって、殊更に意識することで、むしろ不自然な発音になってしまう可能性があります。

〈応用〉

　発音記号の指導は例にあげたように、必要に応じて行うくらいが適当でしょう。その上で時折フラッシュカードを発音記号で行ってみるなど、クイズ感覚で扱うと、生徒も楽しく覚えてくれるのではないでしょうか。また、どこかのタイミングで発音記号を整理したいという場合は、内田（2015）による模擬授業には、必要最低限の内容がテンポ良くまとまっていて参考になります。また、発音記号の指導は日本語の単語で行うことも可能です。例えば子どもの初期の発話を発音記号で記しておき、それが実際はどのような語を意図したものかを考えるというクイズを行うと、なかなかに盛り上がります（例 /kouki/ =「こうき」→「ひこうき」、/wauwan/ =「わうわん」→「わんわん（犬）」)。

語彙・読解の指導　　149

III 読解（リーディング）の指導

　読解といえば、日本では長らく全文和訳が一般的でした。読むために和訳しているというよりも、和訳することが英語学習の適切な方法だと考えられ、慣習的に引き継がれていた側面があります。これは日本の英語教育に限った話ではなく、世界的にも外国語学習の主流な方法として、訳すことで言語を解読していくやり方が採用されていました（正式には Grammar Translation Method 文法訳読方式と呼ばれます）。しかし 1970 年代以降、国際状況の変化、第二言語習得研究（Second Language Acquisition, SLA）の発達などに後押しされ、より実用（特に会話力）につながるような学び方（Communicative Language Teaching (CLT), Task-based Language Teaching (TBLT) 等）が主流になり、「読む」という作業はあくまでもリスニング、スピーキング、リーディング、ライティングを合わせた 4 技能の 1 つと位置付けられました。世界各国の流れに比べ、日本の学校英語教育の変化はだいぶ遅いようですが、それでも現在 1 コマの授業の全てを読解だけに費やしたり、ましてや「訳す」という作業に終始するということは、あまりないでしょう。それだけに、与えられた時間、生徒、教材に合わせ、どのような手順で読解指導を行うのか、教師の腕の見せ所と言えます。

1. アプローチの多様性

　具体的な指導法を考える前に、読解に対する様々なアプローチの存在を認識しておくことは重要です。上にも述べましたが、英語の授業における読解のあり方は、時代ごとの主流な教授法の影響もあり大きく変化しています。どのようなやり方を良しとし、得意とするかについて、教師間で大きく異なるのが現状です。経験豊富な方であれば問題ないかもしれませんが、これから実習にいく、あるいは初めて教壇に立つという方は、早いうちに指導教官・先輩教師の授業を見学することをお勧めします。その上で自分の持ち味が出せるように、なるべく読解指導の引き出しを増やしておくのがよいでしょう。

2. トップダウン／ボトムアップリーディング

　語彙・読解学習法のところで「相互作用」的な読みについて扱いました。この考え方は指導をする上でも重要です。概して読解が苦手な生徒は、与えられた文章を機械的に頭から読み始め、分からない語句があるとすぐに中断してしまいます（＝ボトムアップリーディングに頼りすぎ）。一方で分からない語句を調べる

こともせず、なんとなく読めたつもりで終わってしまう生徒もいます（＝トップダウンリーディングに頼りすぎ）。優れた外国語学習者ほど、目的や難易度に合わせて読み方を変えるものですから、授業ではそのことを意識して、相互作用的な読み方を体験させるようにしましょう。

試しに Half 模試の文章を例にとって見てみましょう。

Stone Money

Money — the use of something of value or representing value in exchange for something or a service — has been around for thousands of years. Today, money is paper or coin in form and its value is backed by the government issuing it. Earlier forms of money were pieces of something agreed upon to have value such as gold or even large pieces of stone. This stone money is called Rai and it was first used hundreds of years ago by people living on the Pacific island of Yap.

Rai started when the people of Yap discovered limestone on neighboring islands. They thought the limestone was beautiful and brought it back to their home island on bamboo boats. Eventually the Yapese needed something that they all agreed was valuable to use as what is money today and carved the pieces of limestone into discs with a hole in the middle. Imagine giant coins made of stone.

The largest Rai were the size of a small car and weighed up to 4,000 kilograms. Money of this weight is difficult to move. Instead of moving the Rai when making a purchase, the Yapese simply made oral agreements as to who owned the stone and what was bought with it. Although today most monetary transactions are done using paper money, the Yapese still value and use their stone money from time to time.

(Half 模試 A　問題 2-1)

この文章を中高生に読ませる場合、難易度はどうでしょうか。語彙のレベルが明らかに読解を阻害する「未知語 5（2）％以上」を超えているならば、あらかじめ語彙リストを渡す、辞書で調べさせる、フラッシュカードで示すなど、な

んらかの形で未知語を減らす必要があるでしょう（ボトムアップ的なサポート）。同時に、タイトルの stone money から石のお金をイメージさせる、実際の写真を見せるなど、内容スキーマという形でトップダウン的なサポートをすることも考えられます。

　次に読解の目的ですが、このような文化事象であれば、読んで知識にするだけでもよいかもしれません。読解を促すための設問をつけるならば、What is the name of this stone money? (A. Rai.), What is Rai? (A. The stone money used by the Yapese.), What is Rai made of? (A. Limestone.), How heavy is the largest Rai? (A. 4,000 kg.), Is Rai still used today? (A. Yes, from time to time.) などが考えられます。まずはこのような質問に答えられるくらいに内容が理解できることを目指します。

　同じ文章は文法、語法等、言語形式の指導にも活用できます。生徒の学習段階にもよりますが、第1段落であれば「分詞を使った名詞の後置修飾」が3回登場します（the government issuing it/ something agreed upon to have value/ people living on the Pacific island of Yap）。第2、第3段落はそれぞれ「時系列に沿った説明（started when ... / Eventually ...）」、「譲歩節（Instead of ... / Although ...,）」といった構造を指摘することで、形式スキーマの指導に利用できそうです。いずれにせよ語彙・文法といった形式の指導は、あまり読解そのものから離れすぎないようにしましょう。まずは目の前の文章を理解することを目指し、後に今後の英文読解に役立ちそうな表現や知識を、ボトムアップとトップダウン双方の視点から与えるという流れです。

3. 4技能の統合

　現在英語の授業をする上でキーワードの1つは、技能の統合 (skill integration) です。同一の教材を用いていかに4技能（近年はスピーキングを「やりとり」と「発表」の2つに分けた「5領域」という言い方もされるようになっています）をバランス良く扱うか、多くの英語教師が苦心と工夫を重ねています。「統合」の意味は、4技能をそれぞれ独立の活動で鍛えるのではなく、「聞いたことについて読む」「読んだことについて話す」「話したことについて書く」のように関連させるということで、そうすることで活動間の流れをスムーズにし、活動内容を実際の英語使用に近づけるという狙いがあります。

　例えば Half 模試 A の問題3（*The Space Race*）は米ソの宇宙開発競争に関する文章です。仮にこの文章を読解教材とした場合、おそらく多くの教師があらか

じめ写真や板書を使いながら、口頭で内容を要約したものを英語で聴かせることでしょう。以下は要約の一例です。

"In the 1950s, America and the Soviet Union competed in space. This space race began with the Sputnik（写真を示す）. Soviet launched（手振り等で「発射」を示す）the Sputnik in 1957. Then, in the 1960s, Soviet launched the first man in space（Gagarinの写真）. Gagarin orbited the Earth（手振り等で「軌道」を示す）. Later America also launched men into space. Then, a Soviet man performed the "space walk"（写真）. Then Americans performed the "space docking（写真か手振り等）." The space race between America and the Soviet Union continued until finally, in 1969, two Americans landed on the moon（写真）. After this, the two countries started to cooperate, not compete. In the Apollo-Soyuz Test Project in 1972, an American spaceship and a Soviet spaceship performed docking. The race was over, but thanks to this race, we understand the space more. Now, not only America and Russia but also Japan and Canada all cooperate in the International Space Station（写真）."

　オーラルイントロダクションと呼ばれるこの口頭での導入には、後の読解を助けるという狙いの他に、「耳で聞いた内容を読む」というリスニングとリーディングの統合が含まれています。Do you know Sputnik? Which country launched Sputnik? のように生徒とのやりとりを盛り込むことも可能で、その場合はさらにスピーキングの要素が加わります。また、ここで先生が聴かせた要約は、読解後に生徒が自ら要約を書いたり（ライティング）、発表（スピーキング）をする際のモデルの役割も果たします。

　このように、読解用の教材をただ読むのではなく、読む前（プレリーディング）や読んだ後（ポストリーディング）に一工夫を加えることで、リーディングと他の技能を統合することが可能です。もちろん生徒に予習をする習慣をつけさせたり、辞書指導にからめてあらかじめ読んでおくことを指示した場合、授業でことさら導入をする必要はないかもしれません。あるいは演習形式の授業で、予習なしでもいきなり読んで問題を解かせることもありえます。あくまでも授業の目的に合わせて読解を指導するという前提で、「4技能の統合」という引き出しを持っておくとよいでしょう。

4. 英語と日本語の使い分け

　学習指導要領において「授業は英語で行うことを基本とする」と明記された今や、流れはオールイングリッシュに傾いています。とはいえ、ただ単に授業中の指示や解説を英語にしただけでは、生徒にとってむしろ学びにくい環境になりかねません。適宜言い換えややりとりを通して生徒の理解を促すティーチャートーク（和泉 2016）やクラスルームイングリッシュの研鑽（石渡＆ハイズマンズ 2011）、生徒自身が英語を使うような授業の仕掛けの工夫など（高島 2000、上山 2016）、多くの英語教師が現在進行形で「英語で授業をする」ための勉強をしています。

　一方で「授業は絶対に英語で行う」「日本語は一切使わない」と決めきって自分を縛ってしまうのは考えものです。こと読解においては、日本語を適切に活用することで、よりスムーズに授業を展開できることも多いようです。具体的には与えられた日本語の意味にあうフレーズを探すといった速読活動、読んだ内容を日本語で簡潔にまとめる要約活動、ある程度の読解が済んだ段階でより文法構造や日英語の違いに気付かせるための下線部和訳などは、日本語をうまく使った活動例と言えます。読解に関わる文法解説なども、日本語を使ったほうがあっさり済むことが多いでしょう。現場によっては「英語しか使ってはいけない」という縛りがあることもあるでしょうが、選べるならば「基本的に英語を用いつつ、適宜日本語も利用する」というスタンスをお勧めします（コミュニカティブな英語の授業において日本語を活用する理論的根拠については、例えば吉田＆柳瀬 (2003) をご参照ください）。

5. 和訳先渡しというやり方

　先に「基本は英語で、適宜日本語も活用する」ことをお勧めしましたが、「どうしても日本語ばかりで授業をしてしまう」、「和訳中心の授業から抜け出せない」という方もいます。生徒サイドでも、「和訳がないと分かった気がしない」という人は一定数います。その是非はともかく、どうしても和訳に時間を使いすぎてしまう、という場合には、金谷他 (2004) の推奨する「和訳先渡し」を試してみてはどうでしょうか。詳しくは金谷他 (2004)、門田他（編著 2010）といった読解指導書に譲りますが、具体的には次のような活動が含まれます。

① 和訳を読んでつかむプレリーディング
② 重要語句の和訳を聞いて本文から探すワードハント

③ 文単位で探すセンテンスハント
④ 和訳を頼りに英文を正しく並び替える展開マッチング

　以上は和訳を先に渡すことで成立する活動例ですが、通常和訳先渡しの授業ではこれらに加え、後に要約につなげるための要点Q&A、様々な音読活動、要約活動などが行われます。金谷他（2004）も言うように、和訳先渡しはあくまでも授業に弾みをつけるスパイスであり、毎回行うというものではありません。ともすれば内容理解ばかりに時間をとられがちな高校の読解授業において、音読・要約・発表といったより応用的な活動に時間を割くための工夫という位置付けです。

6. 音読の勧め

　日本人が英語を身につける上で欠かせない習慣として、英語の達人達が異口同音に勧めるのが音読練習です（和泉 2016、大西＆マクベイ 2017、斎藤 2000、横山 2016 など多数）。「英語の神様」と呼ばれた國弘正雄氏が残したとされる「只管朗読」という言葉もあるくらいです。一言に音読といっても様々なレベルややり方があり、指導書も多く出ています（たとえば門田 2015、鈴木＆門田 2012）。以下はざっくりとした区別ですが、特に初期の指導ではこれらを満遍なく繰り返すことになるでしょう。

① シャドーイング……聞こえてきた音声をそのままで繰り返します。
② オーバーラッピング……文字を見ながらシャドーイングします。
③ リピーティング……フレーズごとにモデルを繰り返します。
④ バズリーディング……一斉に音読します。
⑤ リードアンドルックアップ……部分ごとに覚えて顔をあげて言います。
⑥ レシテーション……暗唱。

　学年が上がり、教材の難度が上がるに従って、授業で音読にさける時間は減る傾向にあります。だからといって音読の重要性が下がる訳ではありません。各自の時間で音読に取り組むよう促しつつ、それができるようになるくらいには授業内で指導をしてあげるようにしましょう。教材を選ぶ際には可能な限り音源を配布できるものにし、毎回ではなくとも練習・発表の時間をとりたいものです。復習段階でペア音読や部分暗唱を課す、音読や暗唱を評価対象にするなど、少しの仕掛けで生徒の意識を音読に向けることが可能です。また、音読の提唱者はみな、

「繰り返し」と「気持ちを込めること」の重要性を言います。この点は教師にとっても同じことが言えます。生徒にとっての良きモデルとなるためには、教師自身が「只管朗読」を実践しましょう。結果的に教師の英語力も伸び続け、一石二鳥です。

　最後に、音読の唯一のデメリットとして、速読を阻害する場合があることを指摘したいと思います。これは日本語で本を読むことを考えれば分かることですが、私たちは本当に速く読みたい場合には黙読します。音読はあくまでも英語を身につける手段であり、実際に読解をする際には目的と難易度に応じたやり方をする必要があります。

7. 読解問題 vs 総合問題

　教師として授業を受け持つ上でテストによる評価は避けられません。それにも関わらず、テスティングについて体系的に学ぶ機会を持たずして教壇に立つ人も少なくありません。ここでは最低限の知識として、読解問題と総合問題を区別しておきたいと思います。読解問題とはすなわち生徒の読解の力を測るものです。これにはすでに読んだ文章の理解や表現の定着を測るテストだけではなく、初見の文章を読む力がどれほどあるかを測るテストも含まれます（後者の方が純粋な意味でのリーディングテストと言えますが、定期考査などは前者が中心になることが多いです）。それに対して総合問題というのは、1つの長文に対して内容理解だけでなく、発音、語法、文法など様々なポイントを様々な形式で問うものを指します（若林 & 根岸 1993、静 2002 など）。

　英検準1級の大問 2, 3 は読解問題ですが、例えばこれが次のようになると総合問題に様変わりします。

Universities and Academic Freedom

　Universities are places (　1　) people study and research specialized subjects. Although there have been schools of higher learning all over the world for thousands of years, universities as we know them today started in Europe. The word university comes from the Latin phrase universitas magistrorum et scholarium and means community of teachers and scholars. Universities in Europe started as gatherings of students and teachers (　2　) were given freedom by kings and princes to research, teach, and study certain subjects.

A key idea behind universities is academic freedom. Academic freedom means that scholars should be free from persecution to study (3) they want and to teach and publish writings without political interference. The idea was first (4) express in the academic charter of the University of Bologna, the world's oldest (5) continue university. The document, (6) call the *Constitutio Habita*, was adopted in 1155 and makes clear that scholars should be able to study and teach without harassment.

Academic freedom is (7) [important / to / so / that / universities] in 1988 a document reaffirming the idea was proposed by the University of Bologna. It is called the *Magna Charta Universitatum* and today it has been signed by almost 800 universities around the world. One of the ways universities protect academic freedom is by offering professors tenure. (8) Tenure means a professor may only be fired for professional misconduct, not for his or her opinions or academic interests. However, there are some limitations. Generally, professors are expected to stay within the subject of their courses and refrain from strongly promoting a specific political or religious agenda.

(Half模試 2-2)

〈問い〉
1. (1) 〜 (3) に入る関係詞を右から 1 つずつ選びなさい。 who / when / where / what
2. (4) 〜 (6) の動詞を正しく活用させなさい。
3. (7) の語句を正しく並べ替えなさい。
4. (8) を和訳しなさい。

　上の問いを試しに解いてみると分かりますが、これは純粋な読解問題とは言えません。確かに読めていれば解答の補助にはなるでしょうが、問 1 〜 3 はそれぞれ関係詞、動詞の活用、so that 構文の知識で正解可能です。唯一読解問題といえる問 4 は日本語解答の和訳問題で、文章全体の理解を求める問いは 1 つもありません。このような総合問題の問題点として、若林＆根岸（1993）は文章を理解せずとも解けてしまう点や雑多な評価対象が混在している点を、静（2002）は根本的な取り組みにくさを批判し、より適切と思われるテスト形式を提案しています。しかしながら、中高の定期考査や大学入試問題には、いまだに総合問題が多用さ

れています。既存の試験問題の批判や模範的な問題の提示は筆者の分を越えてしまいますが、今後テストを作成する立場になる方は、ぜひここに引用した文献をご一読いただき、できる限りすっきりと的を射た問題の作成を目指してみてください。

8. より深みのある言語活動を目指したリーディング

　最後に、今後リーディング指導が向かっていきそうな流れに触れたいと思います。ただ読むだけ（あるいは訳すだけ）に終始しがちな英語の読解に対して、なぜ読むのかという「目的」を意識した指導（渡辺編 1996）、人間教育活動の一環としての読解（三浦ほか 2002）、アクティブに発信する為のリーディング（中野 2019）等、読解を越えた教育効果を目指した読解指導を目指す動きは常にありました。指導要領においても「深い学び」が言われるようになり、今後は読解を通じて触れた内容について考え、それについて意見を持ち、必要ならばさらに調べ、ディスカッションやプレゼンテーション、エッセーといった形で発表にまで持っていくというのが主流になるのではないかと推察します。英語を身につける手段としての4技能統合ではなく、読解を通して生徒の世界が広がり、学んだことを自分の言葉にして伝える力を養うといった、高い次元の技能統合に挑戦する人が増えていきそうです。EUの複言語主義（plurilingalism）から生まれ日本でも実践例が増えつつあるCLIL（Content and Language Integrated Learning）などは、その流れの最たるものとして注目に値するでしょう。

　以上、読解指導に関して「これだけは」と思える話題を取り上げました。他に重要な話題としては「語彙」「多読」がありますが、これらについては「語彙指導」のセクションで触れましたので、ここでは割愛します。

IV　読解（リーディング）活動例

　おすすめの読解活動をいくつか紹介します。比較的授業スタイルにとらわれず、多様な条件下で実践可能なものに絞りました。

(1) スラッシュリーディング（チャンクリーディング）（導入、中間、復習）

　日本語と英語は語順がことなるため、一文全てを訳すと英文の読み返しが増え、スピードが落ちる上に元の英語の語順も身につかないという問題が生じます。

一方で英語をそのままで理解することも難しいという場合、スラッシュ（チャンク）リーディングは1つの解決法となりえます。様々なやり方がありますが、英文をセンテンスより小さい意味の塊ごとに分けるという点がポイントです。

〈スラッシュを入れた例〉
Money / ― the use of something of value or representing value / in exchange for something or a service ― / has been around / for thousands of years. / Today, / money is paper or coin in form / and its value is backed / by the government issuing it.

(Half模試 2-1 より)

〈例：導入〉
　英文を読ませる際に、①あらかじめスラッシュを入れたものを配布する、②教師が音読する際にポーズを入れた箇所にスラッシュを入れさせる、③個人かペアでスラッシュを入れさせる、などのやり方がありえます。生徒の力や費やせる時間を踏まえて使い分けましょう。和訳先渡しならば、チャンクごとの訳を渡してそれを参考に英文にスラッシュを入れさせるというやり方もありえます。

〈例：中間・復習〉
①リードアンドルックアップの形でチャンクごとに言わせる、②チャンクごとに日本語⇄英語にする（サイトトランスレーションと呼ばれる通訳者の練習法です）、といった活動を、個人やペア、あるいはクラス全体でやらせることができます。チャンクの並び替えや部分訳をテスト問題にしてもよいでしょう。

〈注意点〉
　チャンクのまとめ方に絶対的な決まりはありませんが、門田他（2010）は「名詞とそれを修飾する関係節の間」のような構文ありきではなく、「意味のまとまりと感じるところ」にスラッシュを入れることを勧めています。また、初級者ほど細かく切って一度に処理する情報を少なくし、学習が進むにつれてより大きな塊を基本単位とするのが普通です。電子黒板等でパソコン画面を見せられる場合は、スラッシュを入れる代わりに画面上でチャンクごとに英文を見せることで、より記憶に負荷をかけた読み方（前のチャンクには戻れない）を促すことも可能です。

(2) パラグラフリーディング活動（導入、中間、復習）

「パラグラフの構造」という形式スキーマに焦点をおいた活動を適宜入れることで、トップダウンの読みを補助し、後の読解に役立てることができ、読解スピードを上げる効果も期待できます。

〈例：導入〉

各段落の1文目だけを読解し、全文の内容を推測する（タイトルがあるときはそれも参考にする）。例えばHalf模試Aの問題2-2は3段落からなる文章ですが、1文目だけを抜粋すると次のようになります：(1) Universities are places where people study and research specialized subjects. (2) A key idea behind universities is academic freedom. (3) Academic freedom is so important to universities that in 1988 a document reaffirming the idea was proposed by the University of Bologna. (1)から第1段落は「大学」という話題の導入、(2)から第2段落は本題である「学問の自由」、(3)から「学問の自由」についての詳細が述べられると推測できれば、残りの読解が楽になります。素早く大意をつかむことが目的の読解であれば、これだけで事足りるということもあるでしょう。

〈例：中間・復習〉

あらかじめ段落に番号を振っておき、①あらかじめ用意した各段落の要旨と段落番号を合わせる、②段落をグループごとに分ける（選択肢から選ぶ手もある）といった課題に一人ないしはペアで取り組みます。試験の設問としても使えます（従来の大学入試センター試験でも最後の読解問題はこのタイプでした）。

〈注意点〉

One paragraph, one idea（1つの段落に要旨は1つ）という英文の定石を認識することがパラグラフリーディングの第一歩です。他にもディスコースマーカーや、譲歩節や逆接の役割など、読解指導においては初期から満遍なくパラグラフリーディングを実施したいところです。「It is true that ... というのは譲歩の決まり文句で、筆者の主張はもっと後にくるよ。逆接を探してごらん」といった声がけ1つで、生徒が「目からうろこ」な顔をすることもあります。ただし深追いは禁物。文章によっては定石どおりに書かれていない場合もありま

す（いわゆる悪文ですが、残念ながらしばしば出会います）。また、パラグラフリーディングは基本的に論説文を対象としていて、物語文などには通用しないことが多いです。

(3) スキャンリーディング（導入、中間、復習）

必要な情報だけを探して読むというやり方です。商品広告やイベント情報、ビジネスメールなどを読む際必然的に行いますから、非常に実践的な読み方と言えます。TOEIC 等のリーディングでも必ず出題されます。

〈例：導入〉

本文を読ませる際に、①あらかじめ Question を提示した上で、答えの箇所を探して線を引かせる、②日本語を提示してそれに対応する語句を探させる、③テーマを与えてそれに関連した語句をできる限り多く見つけさせる、などがありえます。難度や語数によっては「和訳先渡し」してもよいでしょう。答えを見つけたらペアで比べて話し合うというステップを踏むのがおすすめです。以下は Half 模試大問 3（第 1、2 段落のみ）を使った例です：

(1 の例) 質問 1, 2 を読み、本文中のその答えを含む箇所を見つけて線を引きなさい。

1. What positive effect did the race between the U.S. and the Soviet Union have on humanity? 2. What was Sputnik?（答えはそれぞれ下線部）

(2 の例) 次の日本語に相当する語句を見つけなさい。「競争的（competitive）」「発射する（launch）」

(3 の例) 「宇宙」に関連する語句をなるべくたくさん見つけなさい。（space, the moon, satellites など）

The space race between the U.S. and the Soviet Union was not just a race to see which country could go into space or send men to the moon first. For the two countries, it was also a race to prove which country was better. It was a race to prove which country had the better technology, science, and even political system. Although the race was competitive rather than cooperative, for humanity it had the positive effect of advancing the understanding and exploration of space.

Officially, the space race began in 1955 when the U.S. and Soviet Union announced intentions to launch satellites into space for the first time. However, it could be argued that the race really started with the surprising 1957 launch of Sputnik by the Soviet Union. <u>Sputnik was the first man-made object in space and it could be seen and heard all over the world.</u>

〈例：中間・復習〉
　　基本的には導入と同様の活動を、難度を上げて行うことが多いです。①であれば Question を True or False（正誤判断）の形にして、Thanks to the race between the U.S. and the Soviet, the world economy developed. (False. 第1段落下線部には「宇宙の理解と探索が進んだ」と述べられている) のような、ちょっと紛らわしいものを中心にします。②は「人類を月に送る（send men to the moon)」のように長めにしたり、「～というよりむしろ（rather than)」といった機能的な表現を素早く答えさせます。③ならば「人類」を表す語句を2つ言わせる（men, humanity）など。時間制限を設けたり、ペアで競争させるとより難度が上がります。このような問いを読解後の定着を見るテストで出題することもあるでしょう。

〈注意点〉
他の活動でも言えることですが、あくまでも読解活動の第一の目的は内容理解です。特に導入段階では、内容理解のために役立つ情報を探させるようにしましょう。中間活動ではより深い理解を目指しつつ、後にアウトプット活動をやる場合はそれにつなげる意識で。その文章の読解自体とは深く関わらない表現や文法をポイントとしたスキャンリーディングは、やるとしても十分理解した後のプラス α にとどめましょう。

(4) 間違い探し（主に復習）
　　日本語を解さない読解活動の1つで、試験にもおすすめです（静 2002）。具体的には①あるべき語がない、②余計な語がある、③意味的におかしい語がある、④文法的におかしい語がある、といった文を用意し、それを見つけて訂正させます。

〈例：復習〉
　　次の文の（ア）～（エ）はいずれも誤りを含んでいます。

These achievements were small steps towards the ultimate prize in the space race — becoming the first (ア) land on the moon.　In 1962 President John F. Kennedy gave his famous "We choose to go to the moon" speech (イ) inspire America to get to the moon by the end of the 1960s.　On July 20, 1969, the US reached (ウ) to this goal when Neil Armstrong and Buzz Aldrin became the first men to successfully land on the moon.　This achievement would mark the peak of the space race.　The Soviet Union (エ) made it to the moon.

(Half 模試大問 3 抜粋)

上の文中（ア）（エ）にはそれぞれ to と never が抜けており、（イ）は inspiring の間違い、（ウ）は to が余計です。通例、このような下線等の表示はせず、自力で間違いを探すことになります。また、（ア）（イ）（ウ）はいずれも動詞の活用や語法といった形式面のミスで、（エ）だけが意味上のミスになりますが、実際には1つの問いでは1つのパターンに統一した方が取り組みやすくてよいでしょう（静 2002）。

〈注意点〉
　読解における間違い探しは、原則的に本文がしっかり頭に入っていることが前提になります。実力試験等で初見の文から間違いを探すという問いも大学入試などでは見られますが、本来はかなりポイントを絞りつつやさしめの文（意味がわかるということが前提のため）にするべきでしょう。

(5) 要約作成（復習）
　時間の制約のある中で多くの文章を扱うといった授業の場合にも、要約作成は適宜行うことをおすすめします。前述のような技能の統合（リーディング→ライティング／スピーキング）や、より深い読みにもつながり、また読んだ内容を覚えておくためにも役立ちます。

〈例：復習〉
　一言に要約と入っても、使用言語（日本語 or 英語）、語数制限、口頭か文章か、自由記述か表などに記入か、語句や絵による補助があるか、などの条件によって難度やかかる時間が変わります。教科書の多くには要約用の表などがついて

きますから、その場合はそれを使用するとよいでしょう。以下はHalf模試A大問3を要約するにあたり、語句による補助をつけて穴埋めにした形です。カッコ内の語句を生徒が埋めることになります。

- Space race between (the U.S.) and (the Soviet Union) had the positive effect on our understanding of (space).
- The race officially started in 1955, but it really started when the Soviet (launched) (Sputnik).
- In the 1960s, the two countries (traded) achievements in space, until in 1969 two American men successfully (landed) on the (moon).
- After (Apollo-Soyuz) (Test) (Project) in 1972, the two countries started to (cooperate).
- Now, not only the U.S. and Russia but also (Japan) and (Canada) join the ISS.

これはかなり難度を下げた形ですが、その分これを元に口頭で発表させたり、試験で同様の内容を書かせるということが考えられます。

〈注意点〉
　生徒は「要約は面倒くさい」と感じることが多いようです。始めのうちはなるべく穴埋め等の補助を多めにしましょう。学期に一度でもよいので要約にもとづく発表をしたり、定期考査に組み込むことで、要約活動を定着させるとよいでしょう。

(6) 再話（re-telling）
　これはもともと言葉の力の伸びを測定するために使用されることが多かったようですが、卯城（2009）は「シンプルかつ学習者に親しみやすい形式」であり、プロセス思考、批判的・分析的思考、コミュニケーション力、独学力といった今求められている力を網羅する、「生徒主導型」活動の例であるとして大きくとりあげています。基本的にはその名の通り「読んだ（または聞いた）内容を口頭（または筆記）で再生する」という活動ですが、授業の展開に合わせて幾つかの段階を踏むとよさそうです。
　再話については筆者も実践した記憶がなく（似たような活動である

dictogloss は時折行いますが、これは主に文法力の測定や向上を狙ったものなので、アプローチが異なりそうです）、実践例は省きます。卯城 (2009) に丁寧な説明がありますので、ぜひ参照してみてください。筆者も今後実践してみたい注目の読解活動ということで、最後に挙げておきました。

おすすめ参考図書（語彙・読解の指導）

- 相澤一美・望月正道（編著）『英語語彙指導の実践アイディア集：活動例からテスト作成まで』大修館書店 (2010)
    理論から具体的な実践例、プリントアウト可能なワークシートまでついてお得な一冊です。
- 卯城祐司『英語リーディングの科学：「読めたつもり」の謎を解く』研究社 (2009)
    リーディング研究から「今分かっていること」が分かりやすくまとめられています。
- 大名力『英語の文字・綴り・発音のしくみ』研究社 (2014)
    英語の綴りと発音に関する事象が網羅されており、多くの疑問に答えてくれます。
- 門田修平・野呂忠司・氏木道人（編著）『英語リーディング指導ハンドブック』大修館書店 (2010)
    第二言語習得と英語授業研究に基づいたハンドブック。リーディング指導に関するトピックが満遍なく押さえられています。
- 鈴木寿一・門田修平『英語音読指導ハンドブック：フォニックスからシャドーイングまで』大修館書店 (2012)
    第二言語習得と英語授業研究に基づいたハンドブック。音読指導に関するトピックが満遍なく押さえられています。
- 松香洋子『英語、好きですか：アメリカの子供たちは、こうして ABC を覚えます』読売新聞社 (1981)
    フォニックスについて大変わかりやすくまとめられています。

第 5 章　指導法を知る

リスニングの指導

　ここでは Half 模試のリスニング問題を活用したリスニング指導法について学習します。英検準 1 級問題の使用を前提とすると高校での授業が想定されますが、リスニング活動は通例、リーディング活動やスピーキング活動と統合的に行われます。高等学校の学習指導要領（文部科学省 2018）において、五つの領域（「聞くこと」,「読むこと」,「話すこと［やり取り］」,「話すこと［発表］」,「書くこと」）を総合的に扱う科目と、話すことと書くことによる発信力の育成を強化する科目が新設されていることからも、リスニングはますます他スキルと統合されて展開される機会が増えていくことでしょう。以下では、リスニング習得に関する知識を学習するとともに、リスニング問題を言語材料に使った活動について解説します。

I　リスニングとは

　残念ながら、現状では確立されたリスニング指導法や教授法がありませんが、次に挙げるような理論や概念を踏まえることで、より効果的なリスニング指導を行うことができます。

1. インプット処理とリスニング力

　「リスニング力」というと、とかく学習者は「耳がよいこと」つまり「英語音を的確に聞き取る能力があること」とイコールであると考えがちです。確かに物理的な意味での聴力は重要ですが、インプット理論を踏まえると、以下のようにリスニングには複数の能力（適性）が大きく関係していることがわかります（廣森 2015）。

気づき	英語の音の違いに気づく力（音声認識力）
理解	聴き取った音の意味を理解する力（意味理解力）
内在化	理解内容を文法的に分析する力（言語分析力）
統合	内容を記憶に留めておく力（記憶力）

文法や構文の観点から聞いた内容を分析できる言語分析力や、聞いた内容を短期記憶に留めて置く記憶力は一般にリスニング力とは認められない能力ですが、これらの能力を鍛えることなしに本質的なリスニング力（聞き取って理解する能力）を伸ばすことは不可能です。このようなプロセスを頭の片隅に留めておくことで、生徒のリスニング苦手意識を軽減し、得意な能力を活かすように意識を向けることができます（武藤 2019）。

2. ボトムアップ（Bottom-up）処理とトップダウン（Top-down）処理

　一言でいえば、リスニングとは「音声を聞いて内容を理解すること」です。母語では当たり前にできることですが、外国語の場合はこの作業を達成するには以下の①～④のような段階を意識することが必要となります。

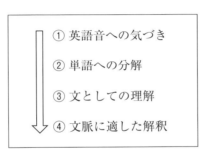

　例えば、[キャニューシャッザドレイプス] という音を聞いた際、①（他の外国語ではなく）英語の音であることに気づき、それを ② [can] [you] [shut] [the] [drapes] といった単語群に分解し、その単語群が自らの文法知識と照らし合わせて、③質問文の語順であることを理解する必要があります。加えて、それが発せられた前後関係から、④この文が Can you ～? の形をした依頼文だと解釈できる知識も「理解」においては必須なステップとなります。

　よって、リスニングを指導する際はやみ雲に聞かせて英語音に慣らすのではなく、生徒が現在どの段階でつまずいていて、そのためにはどのような学習法が有効であるかを適切にアドバイスできる知識が必要です。例えば①の段階にある初級学習者には、shut を shot と聞き間違えないように英語音（母音、子音）や、Can you が [キャニュー] のように同化してしまう英語音の現象を知識とともに発音指導する必要があります。このような指導をせずひたすら英語音を聞かせ続けても、理解可能なインプットでないため学習者には有益でない活動になってし

まいます。

　上記②〜④の段階から自明なように、リスニングを伸ばすにはリスニングのみの指導だけでは不十分です。例にならって言えば、②のためには drape(s) を知っている語彙力、③には疑問文の形式（助動詞と主語の倒置）とイントネーション、そして④を理解するには疑問文の形をした依頼文や提案文について事前に指導しておかなければなりません。①→④の理解は最小の単位（英語音）から最大の単位（文脈）の順になっていますが、このように音声を処理し、理解に至る過程をボトムアップ（bottom-up）処理といいます。

　それとは反対に、例えば、カーテンが閉まった薄暗い部屋で窓際にいるとき、英語で [キャニューシャッザドレイプス]（Can you shut the drapes?）と言われたら、上記の①〜③の段階を踏まなくても「おそらく『カーテンを開けて』とお願いしているんだろう」と推測できてしまいます。このように買い物など普遍的な日常のシーンでのやり取りや、既に知っているニュースを英語で聞く際など、背景知識により内容が推測できてしまうような理解を、トップダウン（top-down）処理といいます。実際には、状況な内容に応じて両方を交互に使い分けるとされます。

　リスニング指導においては、常に音声から始めるボトムアップではなく、場面やシチュエーションをしっかり設定し、生徒にトップダウン処理を促すような活動も設定するとよいでしょう。

3. スキーマ

　スキーマ（schema）とは、個人の過去の経験により作られた心的枠組みのことで、新しい状況で情報や知識を理解する際の基盤として用いられます（米山 2011）。スキーマには、背景知識となる話題、トピックに関する内容スキーマと、談話形式や構成に関する形式・修辞スキーマがありますが、文章を読んだり聞いたりする活動の前に、以下のスキーマを与えた時の方がより正確な内容理解に結びつくとされています（白畑ほか 2009）。

　① 表題を示す……内容スキーマ
　② 領域・分野を示す（スポーツ、政治など）……内容スキーマ
　③ テキスト形式に関する情報を示す（物語文、説明文など）
　　　　　　　　　　　　　　　　　　　……形式・修辞スキーマ

これらを踏まえると、リスニング活動において生徒にトップダウン処理を促すためには、これから聞かせるリスニング内容のタイトルまたは分野と同時に、内容の形式（説明文なのか対話文なのか）を事前に教示し、生徒の背景知識とスキーマを活性化することが有効であると言えます。

II　リスニング活動例

　ここでは前述の理論や概念を基に、実際にどのように効果的なリスニング活動を行うのかを解説します。

1. 処理力を高めるリスニング活動
(1) 集中的リスニング
　同じ音声を繰り返し聞き、個々の特定要素を聞き取る活動を集中的（intensive）リスニングといいます。（望月ほか 2010）。集中的リスニングを促す活動は、単語レベルといった小さな単位から、文レベルというより大きな単位へと順次解釈していくボトムアップ処理の訓練に有効です。

　具体的には、次のような英語音の現象についてハンドアウト（英語音のしくみ）を用いて解説するとともに、英語の音素（JACET 教育問題研究会 2005）や英語音の現象について実際に聞き取り活動（Activity 1）を行うことが挙げられます。

Activity 1：Listen & Answer

(1) 音素（母音・子音）
A. 単語音声を聞いて、同じ母音または子音の入ったものに○をつけなさい。
　① （同じ母音） 1. cap　　　2. cup　　　3. cap
　② （同じ子音） 1. volley　　2. ballet　　3. ballet

B. 正しい音と意味になる単語に○をつけなさい。
　① It was very (cold, called) last night.
　② Many people were (hired, fired) because of the recent economy.

(2) 英語音の現象
　音声を聞き、下線に語句を書き入れなさい。英語が思いつかないときはカタカナで書きなさい。
　① He's so cute; I think _____ call him Buddy.

　② I'm sure you'll _____ .

　③ Something _____ expensive, but one with a pool if that's available.

　④ How may I _____ ?

　⑤ You should buy _____ at the Foot First.

Ans.
(1)　①○ × ○　②× ○ ○　(2)　① cold　② fired
(2)　① I'll（くっつく〈縮約〉）　② pick it up（くっつく〈連結〉）　③ not too（消える〈脱落〉）　④ help you（別の音に変わる〈同化〉）　⑤ them（弱くなる〈弱形〉）

英語音のしくみ

(1) くっつく（縮約、連結）

A. 縮約

「主語＋助動詞」、「助動詞＋not」、「助動詞＋完了形」などの縮約は音が変化する。

例
- I will = I'll 「アイル」ではなく「オール」のように発音
- will not = won't　　want とは異なる発音
- should have = should've 「シュダヴ」のような発音

B. 連結

「子音 [k] [p] [s] [t] [ch] [d] [g] [v] [z] [r] [l] [m] [n]」＋母音」がつながった音になる。

例
- [k] ＋母音 make it 「メイクイット」ではなく「メイキッ」
- [d] ＋母音 good idea 「グッドアイディア」ではなく「グッダイディア」
- [l] ＋母音 tell us 「テルアス」ではなく「テラス」
- [m] ＋母音 come in 「カムイン」ではなく「カミン」

(2) 消える（脱落）

A.「子音＋子音」

同じ子音または似た子音（有声音と無声音）が2つ続く場合、前の子音は聞こえない。

例
- [k] ＋ [k] take care「ティクケア」ではなく「ティ＾ケア」
- [p] ＋ [b] drop by 「ドゥロップバイ」ではなく「ドゥロ＾バイ」

B. 最後にくる子音

[b] [d] [g] [p] [t] [k] [l] などの子音が語・句・文の最後にくると聞こえない（聞こえにくい）。

例
- 単語 call「コール」ではなく「コー ^」
- 句の最後が [g]　all or nothing「オーロワナッシン ^」
- 文の最後が [t] Let's go for it.「レッツゴーフォリッ ^」

(3) 別の音に変わる（同化）

速く発音された場合、[t] [s] [d] [z] [k] [v] [p] [th] [f] [n] などの子音で終わる単語の後に you が来ると、2つがくっつき別の音になる。

例
- [t] + you　meet you「ミートユー」ではなく「ミーチュー」
- [d] + you　could you　「クゥドユー」ではなく「クジュー」
- [p] + you　help you　「ヘルプユー」ではなく「ヘルピュー」

(4) 弱くなる（弱形）

意味的に重要でない代名詞や冠詞は弱く発音され、聞き取りにくいことがある。

例
- I'll get them tomorrow.　get them「ゲレム」
- I went to the shop.　　the shop「ダショッ」

　授業準備でこれらの現象を含む英文を見つけるのは労力を要しますが、西蔭(2011) などを参考に投げ込み教材を作成するのもよいでしょう。
　解説に留まらず、音声を聞かせてリピートやシャドーイングさせる練習を行い、生徒各自に英文を音読させ、定着させることも同様に重要なことです。

(2) 選択的リスニング

　与えられた複数の情報から、特定の情報を聞き分けるリスニングを選択的 (selective) リスニングと言います（望月ほか 2010）。選択的リスニングを主眼とした活動においては、文脈を与え、生徒に何を聞き取るべきか意識させるのがポイントとなります。聞き取るべき内容がパッセージの中のキーワードであればボトムアップ処理、主題や要点を聞き取るのであればトップダウン的処理を生徒に促すことになります。以下は Part 3 の問題ですが、①はキーワード(to receive package）を聞き取る必要があるためボトムアップを要する設問、②は全体を聞き取り、その中で取るべき行動を選ぶ質問なので、よりトップダウンの処理を求められる設問となっています。

① **Part 3, No. 15 (F)**
文脈（Situation）

> A delivery company tried to deliver a package while you were away. You are not available between 9 a.m. and 7 p.m. You call the number they left to learn your options and are told the following.

質問（Question）

What should you do to receive the package?

② **Part 3, No. 14 (E)**
文脈（Situation）

> You are staying at a resort hotel. You are looking for an activity to do with your husband. You listen to the following explanation from the concierge.

質問（Question）

What should you do?

　通常、リスニングには程度の差こそあれボトムアップとトップダウンの両方の処理が関係します。英検準1級のリスニング Part 3 の問題は、Situation（文脈）はすべて You、つまり「もし自分なら」という設定がなされています。長さも適当ですので、事前に語彙説明を与えれば生徒（高校生）の選択的リスニングの練習に利用できます。その際は集中力を維持するために以下のような記入シート（以下は Part 3, No. 15 (F) 用）を作成するのもよいでしょう。

Activity 2 : Read, Listen & Circle

　まず、場面（Situation）と質問（Question）に目を通しましょう。続いて音声を流しますので、聞こえた時間に関する単語に○をつけましょう。

Situation

A delivery company tried to deliver a package while you were away. You are not available between 9 a.m. and 7 p.m. You call the number they left to learn your options and are told the following.

Question: What should you do to receive the package?

Circle the time-related words as you hear them.

today　　tomorrow　　yesterday

morning　　noon　　afternoon

30 minutes　　15 minutes

1 hour　　3 hours　　5 hours

8 a.m.　　9 a.m.　　10 a.m.

2 p.m.　　3 p.m.　　5 p.m.

(3) 包括的リスニング

　パッセージの主題や要点を聞き取るために用いる聞き方を包括的（global）リスニングといいます。テスト問題のようにあらかじめ質問があり、その答えを探してリスニングをするのとは逆に、字幕なしで英語の映画やニュースを見聞きするときのように、包括的リスニングでは与えられたリスニング材料から自分で何を聞き取るべきかを判断することになります。トップダウン処理を要するリスニングですが、望月ほか（2010）によると、このようなリスニング活動は以下の2つのタイプが考えられます。

① 事実に関する（factual）情報の聞き取り
② 事実に関する情報に基づいて、さらに推測する必要がある聞き取り

　包括的リスニングの指導においては、生徒に事前に聞き取りのヒントを与えず、音声を聞かせながら生徒自身に重要だと思うキーワードをメモさせます。この作業を繰り返すことにより、生徒のノートテイキングスキルが磨かれます。さらにそのメモを活用すれば、話し手の意見や気持ち、立場を推測させる活動も行うことができます。

　以下はリスニング Part 2 の問題ですが、この説明文を使用した Activity 3 のような活動が考えられます。
音声：Part 2, (B) ＊タイトルの音声は流さない

> 　Most babies don't start speaking until they are 18 months old, but some parents have learned how to communicate with their children earlier by using sign language. Since babies learn to control their arms earlier than they learn to control their mouths, they can form sign-language words before they can speak out loud. Though they can't speak, they can still relate simple concepts like "food", "more", or "sleep."
>
> 　Teaching babies sign language can also aid in learning spoken language. Babies who are taught sign language often learn spoken language quicker because they are introduced to the concept of words earlier than other babies, even if these words are signed instead of spoken.

> **Activity 3-A**:Take notes: write what you think is important
>
> 音声を聞き、キーワードと思う語句をメモしなさい。日本語でも OK です。
>
> > 例) babies　　18 months　　sign language
> > before they can speak
> > 話し言葉が早くなる　　concept of word

　もう一度音声を流し、聞き取った内容をペアで確認しあいます。終わった後で以下の質問を与えます。

> **Activity 3-B**:Inference: write what you can infer from the passage
>
> **Question:** 手話（sign language）を教えれた子どもの言語発達はどのようになると考えられますか。

2. 段階的なリスニング活動

　リスニング授業において、突然英語の音声を聞かされ、問題などで理解度をチェックされるのは生徒にとってかなりの苦痛となり得ます。リスニングに対する不安を取り除き、効果的な指導を行うには①プレ・リスニング活動(pre-listening activity)、②デュアリング・リスニング活動（during listening activity）またはホワイル・リスニング活動（while listening activity）、そして③ポスト・リスニング活動（post-listening activity）という3つの段階から成る活動を念頭におきましょう。これは一般的な授業における「導入」→「展開」→「整理」(→「発展」)の段階を踏む活動といえます。具体的には、次のような活動が各段階において考えられます（米山, 2011; JACET 教育問題研究会, 2012）。

(1) プレ・リスニング活動

　この段階で肝心なのはいかにして生徒の興味を喚起するかです。教師自身でリスニング教材を選ぶことができる場合は、生徒の興味・関心や世間で話題となっているニュース（時事問題、スポーツなど）や、他教科での既習内容に関連したテーマ（世界史や地理など）を扱うとよいでしょう。

① タイトルや短い導入文、写真や挿絵などから内容を予測させる（内容スキーマの活性化）
② トピック・テーマについてグループやペアなどで話し合わせる（内容スキーマの活性化）
③ 内容の形式（ニュース、物語、会話など）を伝えておく（形式スキーマの活性化）
④ 聞き取るのが困難な語句や表現を確認しておく
　（生徒自身で意味が推測できるもの、タスクに関連しないものは極力説明しない）
⑤ リスニングを行う目的を伝える

(2) デュアリング・リスニング活動

　ここでは生徒の興味、関心をいかにして保持するかが鍵となります。受動的に聞かせるのではなく、必要に応じて言語面でサポートしながら、メモなどの作業をさせたり、タスク達成に必要な推測をさせたりして最後まで注意力を持続させることが重要です。

① 音声を聞かせる前に、具体的にタスクとその目標を提示する
　（概要の把握なのか、特定の情報収集なのか、細部情報の理解なのか、など）
② 聞かせる教材と生徒のレベルに合致したタスクを設定する
・情報を探すタスク：事前に質問を与え、答えを聞き取らせる
・情報をメモするタスク：地図や図表、時刻などに聞いた内容を記入させる
・シャドウイング：タスクに関する箇所をシャドウイングさせ、音声を記憶に残すようにさせる
③ 該当箇所の前後にポーズを置いたり、再度聞かせたりしてタスクの負荷を調整する

(3) ポスト・リスニング活動

　ここで重要なのは、まずは生徒が聞き取った内容が正しかったのかどうかを確認することです。英語は聞き取れたがタスクが上手く達成できなかった生徒、聞き取れなかったがタスクはできてしまった生徒、あるいは両方ともできなかった生徒など様々ですが、どの生徒にも過不足なくその原因を説明し、今後へとつなげる指導が必要になります。時間的制約もありますが、以下に挙げたような発展的活動を行うことで、生徒のリスニングへの興味を喚起するとともに、他のスキル（特にスピーキング）の導入へとつなげることができるでしょう。

① タスクの確認
  ・タスクの達成度を確認するとともに、困難だった点などの感想を尋ねる
  ・タスク達成度に応じて補足的手当て（再度聞かせる、教師が音読するなど）を行う
② 音声やテクストの解説
  ・聞き取ったキーワード、聞き取れなかった箇所を確認する
  ・英語の音声特徴（イントネーション、強勢）などを説明する
  ・テクスト分析（パラグラフ形式の差異）、リスニングストラテジーを解説する
③ リスニングストラテジーの指導
  ・テクストに応じた「聴き方」を教える（ボトムアップ・トップダウン処理）
  ・認知ストラテジー、メタ認知ストラテジーの指導をする（森山 2009）
④ 発展的活動の実施
  ・英語の音声現象（連結、脱落など）についてワークシートを用いて学習させる
  ・別の教材（映像など）を用いて、話し言葉の特徴（言い換えなど）を解説する
  ・他のスキルと結びつけた活動を行う。電話の場合はロールプレイを行うなど

4. 活動例

　前述した段階的リスニング活動を踏まえ、以下ではリスニング各パートの問題を用いた活動を紹介します。

(1) プレ・リスニング活動

リスニング材料：Part 3, No. 13 (D)
活動の目的：短い導入文を元に、リスニング内容を予測させる（内容・形式スキーマの活性化）

活動手順：

① 【全体・個人】
・生徒に以下の英文（Part 3 の Situation）を読解させる

> Situation: You are a member of a softball team. Your team is signing up to register with a local league. You receive the following explanation about how to fill out the registration.

・1 回読ませた後に、キーワード（sign up 〜、register with 〜、fill out 〜）を解説
・再度、英文の意味を確認させる

② 【ペア】
以下の質問項目を与え、ペアで答えを考えさせる。

Q1: Have you or your club ever sign up to register with a tournament? When?
（あなたやあなたのチームは今までにトーナメント大会に出場登録したことがありますか）
If yes, when was it?
（ある場合は、いつですか）

Q2: When did you fill out any form last? For what?
（最後に申込用紙に記入したのはいつですか。何の申し込みでしたか）
What explanation did you receive?
（どんな説明がありましたか）

Q3: What explanation would you receive in this situation?
（この状況ではどんな説明がなされるでしょうか）

③ 【ペア・全体】
数組のペアを指名して、質問の答えをクラス全体で共有する。

④【全体】
これから行うリスニングの目的を説明する。
「自分のチームがどのように申込用紙に記入すべきかをしっかり聞き取る」
など

⑤【全体】
聞き取りのネックとなりそうな語彙を事前に説明しておく。competitive、signature、register fee など。

⑥【全体】
以下の音声を流す（3回）。

> Just so we're clear, I want to let you know this is a competitive league. I want to make sure you and your team don't think this is a beginner league. Before you do anything else, write out your team name here so I can enter it into our system. Then go and collect the signatures of your teammates. You're required to have at least 12 people. You'll also need to pay the registration fee of $40 at that time.

⑦【全体】
以下の質問を口頭（英語）で尋ねる

> What should you do first?

⑧【ペア】
ペアで解答を確認。日本語で話し合い、英語で解答を考える。

⑨【全体】
教師がスクリプトを提示し、解答・解説を行う。

(2) デュアリング・リスニング活動
リスニング材料：Part 2, (A)　＊タイトル音声は流さない
活動の目的：情報をメモし、ディクト・グロス（金谷 2012）により英文パッセージを再生させる

活動手順：
① 【全体・個人】
1回目のリスニング。事前準備なしで以下の音声を聞かせる。

> Urban heat islands are when cities are hotter than their nearby areas. Cities are often several degrees hotter than their rural surroundings. This can cause weather disruptions and decrease air quality. Energy costs are also increased from the need to cool buildings. The cause of urban heat islands is that concrete and buildings absorb heat better than plants. The absorbed heat prevents cities from cooling off at night.
>
> The way to prevent urban heat islands is to make cities more like the wilderness. Green roofs and walls cover buildings with plants such as grasses that prevent the buildings from absorbing heat. Trees planted on sidewalks also prevent pavement from heating up.

② 【全体・個人】
2回目のリスニング。以下のように1文ごとにポーズを置きながら聞かせ、生徒にメモを取らせる。

> Urban heat islands are when cities are hotter than their nearby areas.
> 　（ポーズ）
> Cities are often several degrees hotter than their rural surroundings.
> 　（ポーズ）
> This can cause weather disruptions and decrease air quality.
> 　（ポーズ）
> 　・・・

③ 【全体・個人】
3回目のリスニング。音声をそのまま流し、生徒に自分で取ったメモを確認させる。

④ 【全体・個人】
4回目のリスニング。2回目と同様、ポーズを置きながら聞かせて、メモを

訂正、追加させる。

⑤【個人】
メモを元に、個人で聞き取った英文を紙に書かせる。

⑥【グループ】
グループを編成し、英文を再生させる。グループで互いの英文をチェックし、原稿を書かせる。

⑦【グループ・全体】
各グループに再生した英文を発表させる。

⑧【全体・個人】
スクリプトを渡し、各自音読させる。

(3) ポスト・リスニング活動
リスニング材料：Part 1, No. 3
活動の目的：部分ディクテーションを通し英語音の特徴を知る
活動手順：

①【全体・個人】
以下のように音変化が起こる部分や機能語を空欄にしたスクリプトを準備する。生徒に音声を聞かせ、空欄に聞こえた語を書き取らせる。文や節の切れ目でポーズを入れ、数回聞かせる。

> M: I think my (　running　) shoes are wearing out. I (　should　) buy new ones.
> W: You should buy them at the Foot First, the new shoe store in the (　mall　). They have an intense foot measurement system (　that　) lets you know exactly (　what　)(　kind　) of shoe you need.
> M: Really? (　Have　)(　you　) tried the system?
> W: Oh yes, it was (　fantastic　). My feet (　hurt　) a lot less when I run in my new shoes.
> M: I think (　I'll　) try it out then. Thanks.

ちなみに、部分ディクテーションにおいて、(in)(the) mall のように音変化のある箇所や機能語を空欄にすると「知覚」の練習、in the (mall) のように内容語を空欄にすると「理解」の練習となります。（金谷 2012）。どちらの練習が必要かを考慮し、空欄のバランスを考えるようにしましょう。

② 【ペア】
ペアで書き取った内容を確認しあう。

③ 【全体】
空欄の中から生徒が苦手とする英語音の現象を選び、解説する。

> フォーカスする英文
> I think (I'll) try it out then.
>
> 【縮約】
> 「主語＋助動詞」、「助動詞＋not」、「助動詞＋完了形」などの縮約は音が変化する。
> 例
> ・I will = I'll 「アイル」ではなく「オール」のように発音
> ・will not = won't　　want とは異なる発音
> ・should have = should've 「シュダヴ」のような発音

④ 【全体】
英文（I think I'll try it out then.）を数回聞かせる。

⑤ 【全体・個人】
英文を何度も音読させ、同じようにまねして発音できるように練習させる。

(4) ポスト・リスニング活動（発展的学習）
リスニング材料：Part 1, No. 2
活動の目的：既習のリスニング材料を用いたロールプレイを行い、スピーキング力をつける
活動手順：

⓪ 事前に (3) 同様のポスト・リスニング活動を行い、音声や英語音の確認をしておく。

① 【ペア】
ペアを組ませて、「旅行代理店のカウンター担当（T）」と「お客（C）」のロールプレイ活動をさせる。スクリプトを見ながら、英語音の現象や単語の発音に注意を払いつつTとCの役を演じ、終わったら役を入れ替えて練習する。

② 【ペア】
以下のような下線を含むスクリプトを渡し、ペアで元のスクリプトとは違う語句を入れさせる。語句を入れたら、2人で電子辞書などを使い発音を確認する。

> T: What kind of hotel do you want to stay in (1) _____?
> C: Something not too expensive, but one with (2) _____ if that's available.
> T: I found one here for only (3) _____ a night that has (4) _____. Anything else you'd want?
> C: Make sure to get a room on (5) _____ floor. I have trouble
>   (6) _____.
>
> T: Okay, I'll make sure to book a room on (7) _____ floor.

③ 【ペア】
語句を入れたスクリプトを、役を入れ替えつつ複数回練習する。最終的にスクリプトを見ずに言えるようにする。

④ 【ペア・全体】
活動時間に応じて、ペアを数組指名し、全員の前でスクリプトを見ずに発表させる。発表するペア以外は、ペアが話した (1) 〜 (7) の英語をメモする。教師は発音などが分かりづらい際には適宜サポートする。

⑤【全体】
　教師はどのペアの発音または内容が良かったかの総評を行う。

　学習者が実際に体験する可能性がある状況になるべく近い形で指導をすることにより、学習したことが容易に転移するとされます（森山 2009）が、コミュニケーション能力を養うために大切なのは、生徒が実際に情報や考えなどの受け手や送り手となってコミュニケーション活動を行うことです（冨田 2011）。上記のように実際に生徒が将来体験する状況に近いリスニング材料を利用しロールプレイ活動を行うことは、スピーキング力の向上にも非常に有益だと言えるでしょう。

　ここで示したように、リスニング習得は様々な下位スキルを含む複雑なプロセスと言えます。よって、指導においては事前にどの部分にフォーカスするのか（集中的または選択的リスニング）を明確にしておく必要があります。さらに、リスニング活動においては「聴いていないとき」も重要です。よって、事前・事後にどのような活動を行うか（段階的リスニング）も考慮するようにしましょう。指導に必要なリスニングの基礎知識や研究成果と様々なリスニング活動例について知見を得るために、次ページに挙げたような書籍を活用してみると良いでしょう。

おすすめ参考図書（リスニングの指導）

- 鈴木寿一・門田修平（編著）『英語リスニング指導ハンドブック』大修館書店（2018）
  > リスニング指導について勉強するのに必携の本です。小・中・高校におけるリスニング指導の実践例だけでなく、リスニング指導に関する基礎知識や指導理論を解説しています。

- 冨田かおる・河内千栄子・小栗裕子『リスニングとスピーキングの理論と実践―効果的な授業を目指して』大修館書店（2011）
  > 音声習得と発音指導、リスニング習得と指導、テスト作成までリスニング理論と実践について網羅した研究書です。スピーキングに関する後半も同様に指導を考える際に有用です。

- 森山善美『教室における英語リスニング』大学教育出版（2009）
  > 教室における英語リスニングを、教材、指導技術・手順、ストラテジー等の観点からそれまでの研究を元に簡潔にまとめた書籍です。入手しにくい（絶版）のが残念。

- 篠田顕子・水野的・石黒弓美子・新崎隆子『英語リスニング・クリニック』研究社（2000）
  > リスニングを苦手とする原因ごとに対処法を提示する診断チャートと、個別クリニックのセッションが生徒のリスニング力の診断および指導に役立ちます。

- Brown, S. *Listening Myths: Applying Second Language Research to Classroom Teaching.* University of Michigan Press (2011)
  > リスニングにおける8つの通説（myth）をSLAの観点から解説した書籍です。リスニング指導の前提知識を包括的に知ることができます。平易な英語で書かれているので読みやすい解説書です。

第5章 指導法を知る

作文（ライティング）の指導

　4技能の中でもライティングは、指導の裏付けとなるべき実証的研究が比較的少ない分野とされています。一言にライティングの指導と言っても、4技能の統合におけるまとめのアウトプット活動としての作文、「仮定法」などの文法事項を使うための作文、日記や任意の題目について10分間書き続けるといった、たくさん書かせるための作文等々、様々な作文活動がありえますが、それぞれに関してどういったやり方が最も効果的なのか、現在進行形で研究が続いています。以下では特に「パラグラフライティング」につながる指導を前提として、重要な話題についてまとめ、お勧めの活動をいくつか紹介します。

I　プロセスライティング：ブレインストーミングの重要性

　パラグラフ・ライティングを指導するとはすなわち、ある主題について書き手が言いたいことを、明確で論理的に述べられるようにするということを意味します。大きなくくりではプロセス・ライティング（process writing）という手法に属するそのような指導では、書き手は(1)ブレーンストーミング（brainstorming）、(2)下書き（drafting）、(3)書き直し（revising）、(4)体裁の修正（editing）、(5)発表（publishing）という5つの過程を経て作品を書き上げます。
　実際に授業内でパラグラフ・ライティングを指導する場合、授業の枠や費やせる時間にもよりますが、5つの過程の内(2)の下書きに当たる部分までが必須で、状況次第で(3)の書き直しをさせ、ときおり企画的に(5)の発表を行うという例が多いと思われます。いずれにせよいきなり書き始めるのではなく、(1)のブレーンストーミングと呼ばれる段階を設けることが重要です。これはテーマに関連したアイディアを、実際に作文に使うかどうかは度外視して一旦出す（出し合う）という作業で、リーディングでいうところの内容スキーマの活性化にあたります。読者のみなさんも、準1級の問題4的な自由作文をいきなり書き始めて、途中で行き詰ってしまったという経験があるのではないでしょうか。これはライターズ・ブロック（writer's block）と呼ばれる現象で、書き出す前の構想が曖昧であった為におこります。ましてや中高生であればなおさら、できる限り前もって筋道を作ってから書くことが重要になります。

作文（ライティング）の指導　　187

例えば Agree or disagree: Parents should be banned from leaving children alone with smartphones?（親がスマホに子守をさせることは禁止されるべきか）に対する意見を書かせる場合、いきなり賛成反対を決めさせるのではなく、スマホに子守をさせることの良い点（親が自由になれる、子どもが周囲に迷惑をかけない、教育アプリなどの存在 etc）と悪い点（責任放棄、インターネットの危険、スマホ中毒の恐れ etc）をブレーンストーミングした上で、自分にとって書きやすい方の立場を選ばせるのがよいでしょう。生徒の英語力にもよりますが、この段階では日本語も可とし、後ほど英語を考えさせるのがよいでしょう。場合によっては関連する記事などを読ませたり、ニュースを見せることで、背景知識を与えると同時に4技能を統合した指導にすることも考えられます。

1. あらかじめ立場を指定する vs. 自由に選ばせる

　上述のブレーンストーミングと矛盾するようですが、生徒や話題によっては「賛成反対を選ぶ」という過程そのものが難しいということもありえます。その場合、立場自体は指定してしまって、その立場に使えそうなアイディアに限定してブレーンストーミングを行うとよいでしょう。例えば Is homework necessary?（宿題は必要か）というトピックの場合、立場を自由に選ばせるとほとんどの生徒が「宿題は嫌だが役に立つのであった方がよい（でも嫌だ）」といった曖昧かつ深まりのない意見で止まってしまう可能性があります。あらかじめ賛成反対を決めてしまうことで、迷いを断ち切ることをお勧めします。クラスを「賛成」「反対」に分けて競わせることでディベート的な要素を入れる、時間を与えて調べさせる、またはそれぞれの立場に使える資料を与えるなど、立場を指定することで盛り上がる展開もありえます。

　もちろん自分で立場を選ぶ方がより現実社会での作文に近く、よりオーセンティック（authentic）な作文活動と言えます。立場を指定するのはあくまでも活動に取り組みやすくするための方便ということを忘れないようにしましょう。

2. Good writers = Good readers

　ここに取り上げたような英語でのライティング能力は、母語でのライティング能力はもちろん、英語でのリーディング能力とも強く関連するということが言われています。このことは、子どもが「聞く」→「話す」→「読む」→「書く」の順番に母語を身につけることを考えれば当たり前かもしれませんが、意外とライティング指導の場面ではリーディングの重要性を忘れがちです。日頃から模範に

なるような文章を読み、真似ることを促すのはもちろん、実際に書かせる際にもなるべくリーディングの形でインプットを与え、内容と形式の両面でスキーマを活性化させた上で書かせることが望ましいでしょう。このことは「4技能の統合」にも通じます。また、母語との関係で言えば、インプットや構想の段階では母語を用いることも検討してよいでしょう。

3. 添削すべきか否か

　最後に「添削（より専門的にはフィードバックと呼ばれます）」の問題を取り上げます。分量のある英語を書かせるにあたり、添削をするかしないか、そしてするならば何をどのくらいするべきかという点は、L2 ライティングの分野で繰り返し取り上げられてきました。たとえば（Bitchener & Ferris 2012、白畑 2015）。大人数クラスを複数（複種類）担当することの多い中高の現場では、添削は授業を運営する上で重要な問題にもなりえます。今日までの第二言語習得および英語授業研究に基づけば、第1に添削は必ずしも必須ではないということが言えそうです。研究にもよりますが、概ねライティングの力は書いた量に応じて伸び、教師による添削は必ずしも直接的な伸びに繋がらないケースが多く見られるからです。とはいえせっかく書いたものに対して何も返さないというのは後ろめたいというのが多くの教師の実感ですし、実際に添削をする人がほとんどです。幸い白畑（2015）によれば、添削は特に外国語として英語を学ぶ日本人学習者には有効であり、その他の研究からも少なくとも添削をして悪いということはなさそうです。以上をふまえた上で、添削については、以下のような原則を拠り所にすることをおすすめします。

(1) 大前提として、添削（フィードバック）は必須ではない。外国語の学習にもっとも大きく影響するのはまずインプットそして練習の質と量。
(2) 添削をするにあたり、「形式」よりは「内容」に対するコメントを与えた方が生徒のやる気につながり、書く量も増える。
(3) 文法等の誤りを指摘する場合、生徒にとって消化しやすい対象と量にする。例えば特定の文法項目に絞る、最大10個に限定するなど。
(4) 継続するために、教師にとっても無理のない分量にする。例えば誤りのある場所に下線を引くだけでもよい。
(5) 生徒の個人差にできる限り配慮する。例えば学習の進んだ生徒や分析能力の優れた生徒ほど「なんでも直してほしい」と要望しがち。

Ⅱ 作文（ライティング）活動例

比較的手軽に投げ込める作文活動例をいくつかご紹介します。

(1) 超ミニ・ディベート（導入・投げ込み）

パラグラフ・ライティングの基本である「主張文」と「理由」を書く練習を、ちょっとしたゲーム感覚で行います。学習の序盤や、ちょっと時間が余った時の投げ込みに使えます。

〈例〉

① 列の先頭に1枚の紙を渡し、お題を与えます。お題はクラスで共通でもよいですが、列ごとに別にすると最後の発表が楽しくなります。School uniforms are good.、Dogs are better pets than cats. など身近でとっつきやすい話題がよいでしょう。

② 先頭の人がお題に対して賛成か反対かを「主張文」の形で書き、理由を1つ書きます。制限時間を設けると時間をコントロールしやすいです。

③ 次の人は同じ用紙の下の行に I disagree with Mr./Ms. 〜. と「反対」の立場を述べ、理由を1つ書きます。

④ その次の人はさらに下の行に I agree with Mr./Ms. 〜. と先頭の意見に「賛成」の立場をとり、理由を1つ書きます。

⑤ 同様に「反対」「賛成」の立場を入れ替えながら、列の最後まで続けます。

⑥ 紙を回収し、それぞれの列の書いた内容を読み上げます。それぞれどちらの立場の方がより説得力のある理由を述べられたかをジャッジし、その他講評します。

〈応用〉

　自分で書いたものをそれぞれ読み上げる、あるいは最後の人が読み上げを担当し、最後に自分の立場を口頭で言うといった形で、スピーキングの要素を入れることもできます。最後のジャッジは生徒に挙手で決めさせてもよいでしょう。

〈注意点〉

　この活動には agree/disagree 等の表現を使って主張文を正しく書く練習、理屈の通る理由を思いつく練習、あらかじめ決まった立場に立って書くという

ディベートの練習、という側面があります。生徒集団によってはそういった狙いを明示した方が取り組みやすいかもしれません。

(2) 定義クイズ（投げ込み・復習）

事物や概念の説明を練習することで、正確で分かりやすい英文を書く力を伸ばします。関係節の復習にも使えます。

〈例〉
① ペアないしは少人数のグループに分かれます。それぞれに異なるお題を与え、それを説明する文を 3 文以内で書かせます。お題は elephant、zebra といった単純なものから、democracy, lawsuit といった複雑なものまでありえます。生徒のレベルや既習の内容に合わせるとよいでしょう。
② お互いの書いた説明文を読み上げ、お題を当てます。正解すると解答者と作成者の両方にポイントが与えられます。

〈応用〉
この活動には、指定された語句を口頭で相手に説明して当てさせるというスピーキングバージョンが存在します。時間を多く取れる時には、まずスピーキングで行い、その後あらためて説明を文で書かせて、技能の統合を図ることもできます。書いた説明をクラス全体に発表してクイズ大会にするなど、さらなる拡大も可能です。

〈注意点〉
説明を書く際に、「そのものの名前に含まれる語やその派生語は使えない」というルールを徹底させましょう。またクイズを出す際にはジェスチャーを原則禁止しましょう。

(3) For & Against（重ための投げ込み）

お題に対して賛成と反対の両方を書く活動で、論理的思考の練習になります。英検準 1 級にも直結する技術となります。

〈例〉
① Children are happier than adults.、Japan should make English its official language. といった賛否両論あり得るお題を与えます。必要に応じて関連した用語や意見を与える、あらかじめ誰かの意見を読む（聞く）などするとよ

いでしょう。
② 用紙のおもて面に賛成意見を書きます。完成したら他の人と交換し、次に相手の書いたものに対して反論を書きます。
③ 相手の書いた反論も参考にしながら、用紙の裏面にお題に対する反対意見を書きます。

〈応用〉
　時間を節約する必要のある場合は、あらかじめ賛成か反対の意見を用意し、生徒はそれに対する反論を書くだけでもよいでしょう。用意する意見は「理屈は通るがちょっと極端」という感じがちょうどよいです。

〈注意点〉
　「賛成」「反対」の両方を書くのは、片方を書くだけでも苦労する日本人学習者には大変かもしれませんが、高校生の間に一度は取り組ませたい活動だと思います。「意見＝人」ではない（同じ人でも異なる意見を書くことができる）という気づきにつながれば大成功です。

(4) Timed Writing（導入・軽めの投げ込み）
　ただひたすら書く量を増やしたいという時期におすすめの活動です。演習授業の冒頭にウォームアップで行うのもよいでしょう。

〈例〉
① 用紙を配布し、お題を与えたら即書き始めます（考える時間を与える場合も30秒〜1分と短く）。お題は My favorite food. といった軽めのものから Capital punishment should be abolished. とった重めのものまでありえますが、生徒が全く考えたこともないようなものは避けましょう。タイマーを10分程度に設定し、制限時間いっぱい書かせます。
② 時間がきたらストップ。大体でよいので語数を数えて記入させます。

〈応用〉
　時間があれば交換させて、互いの文章に対するコメントを書かせます。コメントは「具体的」かつ「内容に関するもの」がおすすめです。希望者は提出し、教師が文法添削を加えてもよいでしょう。

〈注意点〉

　これはあくまでも「素早くたくさん書く」活動なので、あまり形式・内容の適切さの面でうるさく言わない方がよいでしょう。一方で「どんなお題でも10分で100語書けるようになろう」といった語数の目標を立てることはおすすめします。文法添削もあくまでも最低限にとどめ、生徒のやる気を削がないようにしましょう（先の「添削」についての項参照）。

おすすめ参考図書（ライティングの指導）

- 大井恭子（編著）『パラグラフ・ライティング指導入門：中高での効果的なライティング指導のために』大修館書店（2008）
  中高での実践例に基づく自由作文指導の入門書です。
- 白畑知彦『英語指導における効果的な誤り訂正：第二言語習得研究の見地から』大修館書店（2015）
  ライティングに限らず、文法指導の観点からどのように訂正を加えるのが良いか、根拠とともに論じています。
- 松香洋子『英語、書けますか：Tagaki（多書き）のすすめ』mpi（2018）
  「自分の考えていることを書く」をテーマに初級者から自由作文を指導するための手引き書。添削をしないというアプローチが魅力的です。
- Bitchener, J. & Ferris, D. R. *Written Corrective Feedback in Second Language Acquisition and Writing*, Routledge (2012)
  ライティングにおける誤り訂正について、理論と実践が詳しくまとめられています。

第5章 指導法を知る
面接（スピーキング）の指導

　スピーキングが他のスキルよりも困難である要因としては「時間的制約」と「相互依存性」の2つが挙げられます（Bygate, 1987）。これは、ドラフト作成や文書の推敲に十分に時間を費やせるライティングとは異なり即時性が求められる点や、リスニングとは異なり相互理解を図るため話し相手との会話調整（相手の発言の明確化や意味の交渉など）が必要となることからも明らかです。さらに、英語と日本語の音声体系の差異により、スピーキング指導にはスピーキングの前提となる音声指導なども含むため、教室内で行うタスク活動も多岐に渡ります。ここでは英検準1級の二次試験（面接）にて求められるスピーキング力に焦点をあて、英検問題を活用した指導法を紹介します。

I　CEFR-J とスピーキング

　準1級の面接で試されるスピーキング力は、大別すれば「ナレーション能力」と、「質疑応答能力」の2つです。前者は相手に向けての一方的な「説明」、後者は双方向の「対話」と言えますが、これらには全く異なる能力が求められることに留意しましょう。CEFR（p.5 の注3参照）を日本人学習者向けに細分化、精緻化した CEFR-J という指標がありますが（文部科学省 2015、投野 2013）、そこにおいてスピーキング（話すこと）は「話すこと（発表）」と「話すこと（やり取り）」に二分され、それぞれに別個の記述がなされています。前述のように、準1級は CEFR の B1 〜 B2 レベル相当なので、CEFR-J において合格者は英語を用いて以下の表のような「発表」または「やりとり」ができると想定されています（B1.1 よりも B1.2、B2.1 よりも B2.2 が高いレベル）。

話すこと（発表）

B1.1	B1.2	B2.1	B2.2
使える語句や表現を繋いで、自分の経験や夢、希望を順序だて、話を広げながら、ある程度詳しく語ることができる。	短い読み物か短い新聞記事であれば、ある程度の流暢さをもって、自分の感想や考えを加えながら、あらすじや要点を順序だてて伝えることができる。	ある視点に賛成または反対の理由や代替案などをあげて、事前に用意されたプレゼンテーションを聴衆の前で流暢に行うことができ、一連の質問にもある程度流暢に対応ができる。	要点とそれに関連する詳細の両方に焦点を当てながら、流暢にプレゼンテーションができ、またあらかじめ用意されたテキストから自然にはなれて、聴衆が興味ある点に対応してプレゼンテーションの内容を調整し、そこでもかなり流暢に容易に表現できる。

表1 CEFR-J「話すこと（発表）」（B1.1 〜 B2.2 のみ抜粋）

話すこと（やりとり）

B1.1	B1.2	B2.1	B2.2
身近なトピック（学校・趣味・将来の希望）について、簡単な英語を幅広く使って意見を表明し、情報を交換することができる。	病院や市役所といった場所において、詳細にまた自信を持って、問題を説明することができる。関連する詳細な情報を提供して、その結果として正しい処置を受けることができる。	ある程度なじみのあるトピックならば、新聞・インターネットで読んだり、テレビで見たニュースの要点について議論することができる。	一般的な分野から、文化、学術などの、専門的な分野まで、幅広いトピックの会話に積極的に参加し、自分の考えを正確かつ流暢に表現することができる。

表2 CEFR-J「話すこと（やりとり）」（B1.1 〜 B2.2 のみ抜粋）

　もちろん、面接は記述にあるような内容をすべて踏まえた試験ではないですが、この表から英検準1級合格者のスピーキング能力（オーラル・コミュニケーション能力）をイメージできるのではないでしょうか。以下では、タスクの概念を元に、

「発表」、「やりとり」の2つの視点から英検準1級の二次試験（面接）問題を考えます。

Ⅱ 二次試験（面接）のためのスピーキング活動

1. スピーキングタスクの分類

　前述のように、教室内で実践できるスピーキング活動（タスク）は多岐にわたりますが、タスクのタイプや方向性、難易度の点から表3のように分類し、考慮するのが便利です（冨田ほか2011）。表中の方向性における「一方向」は「発表」、「双方向」は「やり取り」と言えます。また、タイプにおける「オープン」とはある程度の制限の中で学習者に自由な意見や回答を求めるタスク、「クローズド」は目標となる正解（例）や模範解答のあるタスクのことです。タスク活動を行う際は、タスク条件を意識し、異なる方向性やタイプを持つ活動を複雑さを踏まえてバランス良く行うと良いでしょう。

タスクの条件		タスクの複雑さ	
方向性	タイプ	プランあり、先行知識あり	プランなし、先行知識なし
一方向	オープン	・自己紹介や多己紹介 ・Show & Tell ・アイディア紹介	・即興のスピーチ ・エンディングを完成させるストーリー・テリング
一方向	クローズド	・暗唱スピーチ ・自宅までの道順を説明 ・プレゼンテーション	・絵描写や4コマ漫画のストーリー・テリング ・留守電のメッセージ
双方向	オープン	・ディベートの一部 ・意見交換タスク ・予定等の意見交換	・即興スキット ・インタビュー・テスト ・フリー・トーク
双方向	クローズド	・モデルに基づくロールプレイ ・ジグソー・タスク ・問題解決タスク ・ドラマ	・インフォメーション・ギャップゲーム ・不慣れな場所の道順を聞く ・未知の語彙や表現を質問

表3 スピーキング活動の分類（冨田ほか2011）

英検準1級の面接は主にこの表における「ストーリー・テリング」（4コマイラストの描写）と「インタビュー・テスト」（質疑応答）（と「フリートーク」）を課題に含む試験です。テストである以上、共に「プランなし」（ナレーション前の1分間の準備は除く）かつ「先行知識なし」という共通する性質がありますが、2つは共に「方向性」と「タイプ」が異なるタスクであると言えます。テストや試験対策授業とは異なり、教室内活動においては面接では試されない「プランあり、先行知識あり」のタスクを取り入れることが可能です。ここでは英検の問題を使用し、そのようなタスクを取り入れた「ナレーション」と「質疑応答」のできる力を育成する活動を2つ紹介します。

2. ナレーション（発表）のためのスピーキング活動

　生徒に4コマイラスト描写の際に必要となる身近な単語やつなぎ言葉を学習させると同時に、ディスカッションを通して生徒同士がストーリーを確認し合い、グループでストーリー（描写文）を作ることがこの活動の主な目標です。加えて、4コマストーリーのその後（5コマ目）を生徒同士で想像させることも活動の鍵となります。5コマ目を考えるのは英検問題の意図から離れますが、話の続きを考えさせることは論理的思考力や創造的・想像的思考力を育成し、その結果生徒の発話量も増えるとされています（泉ほか2016）。

> **ストーリーメイキング**

形式：グループワーク（1グループ4人程度）と全体発表
手順：
Stage 1　導入
①活動内容と最終目標を説明
②各グループに異なる4コマをバラバラにしたものと、描写に使えるつなぎ言葉のリストを与える

面接（スピーキング）の指導　　197

Stage 2　グループワーク

描写文の作成
①他の 3 名には見せないようにして、グループ内で各自 1 コマ手元に取る
②各自、辞書などで語彙を調べつつ、担当するコマを描写する英文（3 文）を書く

描写文の発表
①順番に選んだイラストを示しながら、他の 3 名に "I'll tell you what's happening in this scene." に続けて、描かれている人物の動作や感情、状況を英語で説明する。
②他の 3 名は聞き取れない語彙やわかりにくい描写説明について発表者に質問する（可能なら I didn't catch the word to describe 体重計. などと英語で）

ストーリーの作成
①教師は各グループに 4 コマイラスト描写の導入文を教える
②全員で 4 コマのイラストを正しい順番（起承転結）に並べる
③つなぎ言葉を用いて、全員で描写文をつなげてストーリーを作成する

5 コマ目の作成
①全員で 4 コマに続く内容（その後の展開）を話し合う
②イラストとそれを描写する英文を作成する

Stage 3　クラス全体
①グループごとに、イラストを示しつつクラスの前でストーリーを発表する
②発表を聞いている生徒は、各グループの発表を「内容のわかりやすさ・面白さ（5 点）」「発音・声の大きさ（5 点）」「語彙・つなぎ言葉の使用（5 点）」を計 15 点で採点する
③グループごとに集計し、教師は結果を発表する

　表 3 に照らし合わせると、この「ストーリーメイキング」は「絵描写や 4 コマ漫画のストーリー・テリング」（一方向、クローズド、プラン・先行知識なし）を中心に、「プレゼンテーション」（一方向、クローズド、プラン・先行知識あり）や「意見交換タスク」（双方向、オープン、プラン・先行知識あり）、イラストを適切に並び替える「ジグソー・タスク」（双方向、クローズド、プラン・先行知

識あり）を含むバランスのとれた活動であることがわかります。

3. 質疑応答（やり取り）のためのスピーキング活動

　面接の質疑応答で問われるトピック（p.53）は主に日常的に見聞きする時事問題に関するものなので、先行知識を元に自分の意見をロジカルに説明するスキルが必要となります。教室内活動において質疑応答の練習をする際には、面接官と受験者の役を演じるロールプレイ活動を用いるのが良いでしょう。ただ、当然ながら生徒は面接委員としての先行知識や質問スキルが無いので、事前にパッセージや質問形式のテンプレートを用意した上で活動を行うことが必須です。実際の面接試験における「インタビュー・テスト」は「双方向、オープン、プラン・先行知識なし」のタスクですが、授業ではトピックについてお互いに事前に話し合い、「先行知識あり」の状態から開始します。

|インタビューのロールプレイ|

形式：ペアワークとグループワーク
手順：
Stage 1　導入
① ペアワークの内容と到達目標を説明する
② ペアを組ませ、各ペアに英文カード（AとB）を2セットと質問フォーム（2枚）を配布する

〈英文カードAまたはBの例〉（Half 模試 A, Part 2 (C) より）

Virtual Reality Sickness

　Virtual reality has existed for several decades, but has always had an overarching problem in motion sickness. This is caused by a disconnect between what the headset shows and what the user is doing. If users turn their heads quickly and the screen is slow to catch up, motion sickness can occur. It's the same reason people get sick on boats; the motion of the water doesn't match up with our own movements and we become disoriented.
　Luckily, advances in technology have mitigated this problem. New

VR headsets track motion much more quickly, and looking around feels much more like real life. Such advancements are the main reason for the recent VR boom.

〈質問フォーム例〉

Question Form

(1) 下線に語句を入れて、質問文を 2 つ作りましょう。Q2 はどちらかひとつ。

Q1：トピックについての考えを尋ねる質問

What do you think about _____?

Q2：相手の考えや意見を尋ねる質問

A) Do you think that _____?

例) Do you think that public museums should be free of charge for everyone?
　　（公立美術館は誰でも入場無料にするべきだと思いますか）

B) Should _____?

例) Should companies do more to reduce the amount of energy that they use?
　　（企業は使用するエネルギーを削減するためにもっと多くのことを行うべきですか）

(2) 相手に "I'm going to ask you two questions. Are you ready?" と言ってから、それに続けて上記の 2 つの質問をしましょう。

(3) 相手の発言を聞いて書き取りましょう（英語または日本語で）。

Q1

Q2

Stage 2　事前準備
① まずAのカードについて辞書などを用いつつ各自で精読する
② その後、ペアで分からない箇所の確認と、内容についての意見を交換する

Stage 3　ロールプレイ
① 面接委員と受験者の役割を分担する
② 面接委員役は「質問フォーム」に質問を記入し、その間受験者役の生徒はもう一度カードAの内容を確認する
③ 面接委員役は質問フォームに従い受験者役に質問する。受験者役はカードを見ながらで良いので英語で質問に答える
④ 面接委員役の生徒は質問の解答を聞きながらフォームにメモを取る

（カードBを用いて事前準備を行い、役割を交換してロールプレイを行う）

Stage 4　グループワーク
① ペアを2つ組み合わせ、4人グループを作る
② 相手を変えて、カードAまたはBを選び、役割を分担する
③ 面接委員役は受験者役に2つの質問をするが、受験者役はカードを見ずに質問に答える
④ 面接委員役は質問フォームの裏面に受験者の解答を記入する
⑤ 役割分担とカードを変えて③と④を行う

　このようにスピーキング活動はリーディングなど他の活動との組み合わせることにより活動自体に自然な流れをもたらします。ちなみに、面接において「フリートーク」におけるアティテュードが評価対象となっているように、スピーキング活動においては生徒の自発的な発言を促し、発言する際には大きな声で話すよう意識させることが基本です。加えて、余裕があれば質疑応答の際に不自然な間が空かないように "Let's see." や "Well ..."といったフィラー（filler）を適度に指導することもアティテュード（積極性）を養う上では有益なことです。
　なお、スピーキングの前提となる「発音・イントネーションの正確さ」（面接では評価対象）に関する活動に加えて、様々なスピーキング活動やスピーキングの理論や背景を知るには、泉・門田（2016）またはGoh（2012）などのようなスピーキング指導を詳説する書籍を当たってみるのも良いでしょう。

ここでは二次試験（面接）をCEFR-Jの「発表」と「やりとり」の観点から解説し、活動例を紹介しました。面接試験問題の活用を前提としていますので、それと関連する「ストーリーメイキング」や「インタビュー」といった限られた活動例しか挙げていません。しかしながら、面接問題（4コマイラストとQ&A）は如何様にも料理できる面白い材料ですので、これらを活用すれば授業の実情に合わせた様々な活動が可能となります。多岐に渡るスピーキング活動例、「アクティブ・ラーニング」や「英語を英語で教える授業」におけるスピーキング指導案については、以下の書籍を参考にしてみてください。

おすすめ参考図書（スピーキングの指導）

- 泉惠美子・門田修平『英語スピーキング指導ハンドブック』大修館書店（2016）

    英語スピーキングの基礎知識と指導法を概観するにはうってつけの書籍です。理論だけでなく、小中高における実践例がわかりやすく、指導にも活用できます。

- 神山晋平『はじめてでもすぐ実践できる！中学・高校 英語スピーキング指導』学陽書房（2018）

    スピーキング指導に役立つ基礎知識やディベートなどの発展的活動をわかりやすく紹介する書籍です。レイアウトも見やすく、実際に使えるワークシートなども付属しています。

- 望月正道・相澤一美・笠原究・林幸伸『英語で教える英語の授業：その進め方・考え方』大修館書店書店（2016）

    英語で授業を行う際の考え方や授業の構成要素に加え、スキル別に「英語で授業を行う」指導案を紹介した書籍です。教師の振り返りや生徒の自律学習についても解説しています。

- 菅正隆・松下信之『アクティブ・ラーニングを位置づけた高校英語の授業プラン』明治図書（2017）

    アクティブ・ラーニングについてくわしく解説するとともに、複数のスキル別・複数技能統合型の授業プランや評価方法がわかりやすく紹介されています。

● Folse, K. S. *The Art of Teaching Speaking: Research And Pedagogy in the ESL/EFL Classroom.* University of Michigan Press (2006)
　スピーキング授業を組み立て、実践する際にカギとなる5つの要因や、スピーキング研究の成果、多数の実践例やアイデアなどが平易な英語で簡潔にまとめられている良書です。

引用・参考文献

はじめに

武藤克彦（2019）「英語教員の英語力強化に向けて：リスニング学習法の提案」『東洋英和女学院教職課程年報』10号, 東洋英和女学院大学.

吉島茂・大橋理枝（2004）『外国語教育Ⅱ 外国語の学習、教授、評価のためのヨーロッパ共通参照枠』朝日出版社.

第2章

旺文社編（2016）『英検1級総合対策教本 改訂版』旺文社.

日本英語検定協会（2019）「準1級の試験内容・過去問」

http://www.eiken.or.jp/eiken/exam/grade_p1/

和泉有香（2014）『図解でわかる！はじめての英検準1級 総合対策』アスク出版.

植田一三・上田敏子・Mitchy 里中（2014）『英検準1級 面接大特訓』Jリサーチ出版.

旺文社編（2011）『14日でできる！英検準1級二次試験・面接完全予想問題』旺文社.

旺文社（2019）「英検準1級面接の問題と流れ・合格のコツ・使えるフレーズ」https://eigonotomo.com/eiken/jun1kyuu_sp

教学社編（2018）『2018年度版 英検赤本シリーズ 英検1級過去問集』教学社.

教学社編（2019）『2019年度版 英検赤本シリーズ 英検準1級過去問集』教学社.

第3章 ○ 語彙・読解編

卯城祐司（編著）（2009）『英語リーディングの科学：「読めたつもり」の謎を解く』研究社.

旺文社（編）（2013）『英検準1級 文で覚える単熟語［三訂版］』旺文社.

旺文社（編）（2016）『英検準1級 総合対策教本』旺文社.

門田修平・野呂忠司（編著）（2003）『英語リーディングの認知メカニズム』くろしお出版.

Nation, P (2001). *Learning Vocabulary in Another Language,* Cambridge.

第3章 ○ リスニング編

和泉有香（2014）『図解でわかる！はじめての英検準1級』アスク.

旺文社（編）（2010）『英検準1級総合対策教本』旺文社.

門田修平・玉井健（2004）『決定版 英語シャドーイング』コスモピア.

門田修平・野呂忠司・氏木道人（編）（2010）『英語リーディング指導ハンドブック』大修館書店.

篠田顕子・水野的・石黒弓美子・新崎隆子（2000）『英語リスニング・クリニック』研究社.
白畑知彦・冨田祐一・村野井仁・若林茂則（2009）『改訂版 英語教育用語辞典』大修館書店.
西蔭浩子（2012）『英語リスニングのお医者さん 集中治療編』ジャパンタイムズ.
米山朝二（2011）『新編 英語教育指導法辞典』, 研究社.
Buch, G. (2001) Assessing Listening. Cambridge University Press.
Harley, T. A. (2013) The Psychology of Language: From Data to Theory. 4th Ed. Psychology Press.

第3章 ○ ライティング編
和泉有香（2016）『はじめての英検準1級　総合対策』アスク.
旺文社（編）『英検準1級　過去6回全問題集』旺文社.
旺文社（編）『英検準1級　総合対策教本』旺文社.
Kizuna, H. & Northridge, R. (2010). *Common Errors in English Writing [6th Ed.]*. Macmillan Language House.

第3章 ○ 面接編
旺文社（編）（2018）『2018年度版 英検準1級 過去6回全問題集』旺文社.
教学社（編）（2018）『2018年度版英検準1級過去問集』教学社.
教学社（編）（2019）『2019年度版英検準1級過去問集』教学社.
"Diet enacts casino bill despite stiff opposition", The Japan Times, July 20, 2018, https://www.japantimes.co.jp/news/2018/07/20/national/politics-diplomacy/diet-set-approve-casino-resorts-bill-despite-stiff-opposition/#.W6MSFPZuJKk

第5章 ○ はじめに
赤野一郎・投野由紀夫・堀正広（2014）『英語教師のためのコーパス活用ガイド』大修館書店.
和泉伸一（2009）『フォーカス・オン・フォームを取り入れた新しい英語教育』大修館書店.
伊藤健三（1978）『英語指導法ハンドブック：導入編』大修館書店.
衣笠忠司（2014）『英語学習者のためのGoogle・英辞郎検索術』開拓社.
酒井英樹・滝沢雄一・亘理陽一（2017）『小学校で英語を教えるためのミニマム・エッシ

ェンシャルズ：小学校外国語科内容論』三省堂.

JACET SLA 研究会 (2013)『第二言語習得と英語科教育法』開拓社.

鈴木渉 (2017)『実践例で学ぶ 第二言語習得研究に基づく英語指導』大修館書店.

樋口忠彦・加賀田哲也・泉恵美子（編）(2017)『小学校英語教育法入門』研究社.

廣森友人 (2015)『英語学習のメカニズム：第二言語習得研究にもとづく効果的な勉強法』大修館.

ブルースター, J.・エリス, G (2005)『小学校英語指導法ハンドブック』玉川大学出版部.

第5章 ○ 語彙・読解の指導

相澤一美・望月正道（編著）(2010)『英語語彙指導の実践アイディア集：活動例からテスト作成まで』大修館書店.

石渡一秀・ハイズマン, G. (2011)『現場で使える教室英語：重要表現から授業の展開まで』三修社.

和泉伸一 (2016)『フォーカス・オン・フォームと CLIL の英語授業』アルク.

和泉伸一 (2016)『第2言語習得と母語習得から言葉の学びを考える』アルク.

一杉武史 (2017)『キクタン英検準1級（改訂版）』アルク.

上田敦子 (2010)『英語多読入門：めざせ！100万語』, コスモピア.

卯城祐司 (2009)『英語リーディングの科学：「読めたつもり」の謎を解く』研究社.

内田浩樹 (2015)『国際教養大学・内田浩樹教授のライブ授業シリーズ Part 2 IPA Made Easy 発音記号を読もう!!』ジャパンタイム.

大名力 (2014)『英語の文字・綴り・発音のしくみ』研究社.

大西泰斗・マクベイ, P. (2017)『総合英語 Fact book: これからの英文法』桐原書店.

大西泰斗・エバンス, D.・マクベイ, P (2018)『英語表現 Word Sense: 伝えるための単語力』桐原書店.

風早寛 (2013)『速読英単語1 必修編（改訂第6版）』Z会.

門田修平 (2015)『シャドーイング・音読と英語コミュニケーションの科学』, コスモピア.

門田修平・野呂忠司・氏木道人（編著）(2010)『英語リーディング指導ハンドブック』大修館書店.

金谷憲・高知県高校授業研究プロジェクトチーム (2004)『和訳先渡授業の試み』三省堂.

上山晋平 (2016)『英語教師のためのアクティブ・ラーニングガイドブック』明治図書出版.

斎藤兆史 (2000)『英語達人列伝：あっぱれ、日本人の英語』中央公論新社.

静哲人 (2002)『英語テスト作成の達人マニュアル』大修館書店.

JACET 基本語改訂特別委員会 (2016),『大学英語教育学会基本語リスト 新JACET 8000』桐原書店.
鈴木寿一・門田修平 (2012)『英語音読指導ハンドブック:フォニックスからシャドーイングまで』大修館書店.
鈴木陽一 (2000)『DUO 3.0』ICP.
セイン, D. (2013)『ネイティブはこう使う！マンガでわかる前置詞』西東社.
髙島英幸 (2000)『実践的コミュニケーション能力のための英語のタスク活動と文法指導』大修館書店.
髙瀬敦子 (2010)『英語多読・多聴指導マニュアル』大修館書店.
刀祢雅彦・霜康司 (2011)『システム英単語』駿台文庫.
中野達也 (2019)『読む英語:実践力徹底トレーニング』アルク.
西川盛雄 (2013)『英語接辞の魅力:語彙力を高めるメカニズム』開拓社.
松香洋子 (1981)『英語、好きですか:アメリカの子供たちは、こうしてABCを覚えます』読売新聞社.
三浦孝・中島洋一・弘山貞夫 (2002)『だから英語は教育なんだ:心を育てる英語授業のアプローチ』研究社.
横山カズ (2016)『英語に好かれるとっておきの方法:4技能を身につける』岩波書店.
若林俊輔・根岸雅史 (1993)『無責任なテストが落ちこぼれを作る:正しい問題作成への英語授業学的アプローチ』大修館書店.
渡辺時夫 (編著) (1996)『新しい読みの指導:目的を持ったリーディング』三省堂.
Bauman, J. About the General Service List. Retrieved from http://jbauman.com/aboutgsl.html
Jabr, F. (2013) The Reading Brain in the Digital Age: The Science of Paper versus Screens, in Scientific American. Retrieved from https://www.scientificamerican.com/article/reading-paper-screens/
Nation, P. (2001) *Learning Vocabulary in Another Language,* Cambridge.

第5章 ○ リスニングの指導

金谷憲 (編集) (2012)『英語授業ハンドブック 高校編』大修館書店.
白畑知彦・冨田祐一・村野井仁・若林茂則 (2009)『改訂版 英語教育用語辞典』大修館書店.
JACET教育問題研究会 (編) (2005)『英語科教育の基礎と実践 授業力のさらなる向上を目指して』三修社.

JACET教育問題研究会（編）(2012)『新しい時代の英語科教育の基礎と実践 成長する英語教師を目指して』三修社.
鈴木寿一・門田修平（編著）(2018)『英語リスニング指導ハンドブック』大修館書店.
冨田かおる・小栗裕子・河内千栄子（編集）(2011)『リスニングとスピーキングの理論と実践 効果的な授業を目指して』大修館書店.
西蔭浩子（2011）『英語リスニングのお医者さん 集中治療編』ジャパンタイムズ.
廣森友人（2015）『英語学習のメカニズム：第二言語習得研究にもとづく効果的な勉強法』大修館書店.
武藤克彦（2019）「リスニング問題対策：集中力が途切れないためのコツ」『英語教育』2019年9月号, 大修館書店.
望月昭彦（編著）(2010)『改訂版 新学習指導要領にもとづく英語科教育法』大修館書店.
森山善美（2009）『教室における英語リスニング』大学教育出版.
米山朝二（2011）『新編 英語教育指導法辞典』研究社.

第5章 ◉ 面接（スピーキング）の指導

泉惠美子・門田修平（2016）『英語スピーキング指導ハンドブック』大修館書店.
投野由紀夫（編）(2013)『CAN-DOリスト作成・活用 英語到達度指標CEFR-Jガイドブック』大修館書店.
冨田かおる・小栗裕子・河内千栄子（編）(2011)『リスニングとスピーキングの理論と実践：効果的な授業を目指して』大修館書店.
望月昭彦・深澤真・印南洋・小泉理恵（2015）『英語4技能評価の理論と実践―CAN-DO・観点別評価から技能統合的活動の評価まで』大修館書店.
文部科学省（2015）「CEFR（ヨーロッパ言語共通参照枠）を参照した分析方法」
http://www.mext.go.jp/component/a_menu/education/detail/__icsFiles/afieldfile/2015/05/26/1358071_04_2.pdf
Bygate, M. (1987) Speaking. Oxford: Oxford University Press
Goh, C. C. M. (2012) Teaching Speaking: *A Holistic Approach.* New York: Cambridge University Press.

著　者

武藤克彦（むとう　かつひこ）　東洋英和女学院大学専任講師。上智大学大学院修了（言語学）。専門は応用言語学、英語教育。

辰巳友昭（たつみ　ともあき）　桐朋中学・高等学校教諭。上智大学外国語学部英語学科卒業。米国ジョージタウン大学大学院言語学部にて修士号取得（英語教授法）。専門は第二言語習得とその英語教育への応用。

英語教師をめざす人のための英語力養成
―まずは英検準1級取得から―

2019年10月10日　　第1刷発行

著　者 ── 武藤克彦・辰巳友昭
発行者 ── 前田俊秀
発行所 ── 株式会社　三修社
　　　　　〒150-0001　東京都渋谷区神宮前 2-2-22
　　　　　TEL 03-3405-4511　　FAX 03-3405-4522
　　　　　振替 00190-9-72758
　　　　　http://www.sanshusha.co.jp
　　　　　編集担当　三井るり子

印刷製本 ── 広研印刷株式会社

©2019 Printed in Japan ISBN978-4-384-05831-4 C1082

執筆協力 ── Jhonny Driggs／高橋信道（翻訳家）
本文デザイン・DTP ── 株式会社シー・レップス
カバーデザイン ── 山内宏一郎（SAIWAI Design）
音声録音・製作 ── ELEC／高速録音株式会社

CDと同内容の音声をダウンロードできます。
音声ダウンロードについては、三修社ホームページをご参照ください。
https://www.sanshusha.co.jp/audiobook/
「audiobook.jp」への会員登録（無料）が必要です。
登録後、シリアルコードの入力欄に「05831」の数字を入力してください。

JCOPY 〈出版者著作権管理機構　委託出版物〉

本書の無断複製は著作権法上での例外を除き禁じられています。複製される場合は、そのつど事前に、出版者著作権管理機構（電話 03-5244-5088 FAX 03-5244-5089 e-mail: info@jcopy.or.jp）の許諾を得てください。

診断テストの解答と解説

第1章　診断テスト（英検準1級 Half 模試 A）　本冊 pp.10-24

解　答

筆記試験

1　(1) 2　(2) 1　(3) 1　(4) 2　(5) 1　(6) 3
　　(7) 4　(8) 3　(9) 3　(10) 1　(11) 2　(12) 1
　　(13) 1

2　(14) 3　(15) 1　(16) 2

3　(17) 4　(18) 1　(19) 3　(20) 3　(21) 2　(22) 3
　　(23) 2

4　解説を参照

リスニングテスト

Part 1　No.1　4　No.2　2　No.3　2　No.4　1　No.5　1　No.6　4
Part 2　No.7　2　No.8　3　No.9　3　No.10　1　No.11　2　No.12　2
Part 3　No.13　2　No.14　4　No.15　4

筆記試験

1

(1) 　**正解**　**2**

　　訳　シンディは5年前に出産した時に仕事を辞める選択をしたが、今はまた仕事に戻ることを考えている。
　　1　ふんがいすること
　　2　再開すること
　　3　降格させること

　　　　　4　保持すること
　解説　前半から仕事を一度辞めたことが分かるため、「再開する」の resume を選ぶ。

(2)　**正解**　**1**
　訳　準備不足で話題を表面的にしか理解していなければ、討論中に意見を言うのは難しい。
　　　1　表面的、うわべだけの
　　　2　集団的
　　　3　我慢できる、しのげる
　　　4　目立った、卓越した
　解説　understanding「理解」を修飾し、unprepared「準備不足」と矛盾しない語である superficial「表面的」を選ぶ。

(3)　**正解**　**1**
　訳　チャンピオンはとても強いレスラーでフランクは簡単にねじ伏せられた。
　　　1　制圧された
　　　2　中央に集中された
　　　3　破棄された
　　　4　駆除された
　解説　such ～ that の構文。that 以下はチャンピオンがどれほど強かったかを具体的に説明している。2, 3, 4 はいずれも人に対して使うには不適切。

(4)　**正解**　**2**
　訳　その科学者はよく自分の研究に関わる秘話を話す。それが多くの生徒が彼の講義に出席したがる理由だ。
　　　1　助成金
　　　2　逸話、秘話
　　　3　共同著者
　　　4　人質
　解説　tell の目的語として、一種の stories を表す anecdotes を選ぶ。

(5) 正解 1

訳　その製造業者は、失業者のために仕事を生み出そうと、郊外に工場建設を計画したと言われている。
1 町外れ、郊外
2 断片、かけら
3 主要都市、中心地
4 統計

解説　on the ～ of the town というフレーズにうまくはまり、工場建設の場所を示すことのできる outskirts を選ぶ。

(6) 正解 3

訳　ジムは 10 倍に拡大されたトンボの頭の写真を見せられた。写真を見ながら、彼はトンボがまるでヘルメットを着けているようだと思った。
1 複製された
2 組みつかれた、取り組まれた
3 拡大された
4 強調された

解説　難問だが、拡大写真を見ていることや、10 times が「10 倍」を表すことが分かればヒントになる。虫眼鏡を英語で magnifying glass ということも知っておきたい。

(7) 正解 4

訳　若き建築家時代、キンバリーは新しい公共建築物のために前衛的なデザインを無料で提供した。残念ながら彼女の提案は最終的に断られたが、彼女は自分の作品に満足していた。
1 喜んだ
2 没収された
3 殴り書きされた
4 断られた

解説　Unfortunately（残念ながら）という枕ことばから、当初望んだ結果にはならなかったことが分かる。

診断テストの解答と解説　3

(8) 正解 3

訳 *A:* あなた、私が子どもたちを甘やかしてると思う？ パパは私が彼らをダメにしているって言うの。
B: 心配ないよ、アン。彼はただ子育て観が違うんだよ。君は良い母親だよ。
1 息を詰まらせている
2 歪曲させている
3 甘やかしている
4 違反、侵害している

解説 子どもを目的語にとり、spoil（甘やかしてダメにする）という内容と矛盾しない pampering を選ぶ。

(9) 正解 3

訳 *A:* テレビ局や新聞が使用を避ける語や言い回しがあると聞いたのですが。
B: その通りです。一般的に、ネガティブな含意を伝える表現を避ける傾向にあります。
1 気性、体質
2 所有
3 含意（暗に含む意味）
4 短所、欠点

解説 those は A の発言中の words and phrases を指し、空欄には「意味」「イメージ」といった語が入ると推測できる。

(10) 正解 1

訳 世界中の多くの人が、特定の衣装をまとい別人のふりをすることを喜ぶが、彼らは注意が必要だ。例えば、警官の真似をすることが違法な国もある。
1 のふりをすること、ものまねすること
2 実演すること
3 を再生産すること、繁殖すること
4 を操ること、操作すること

解説 仮装する人が注意せねばならない理由の一例になるようにする。

impersonating a police officer は「偽警官」のことで、犯罪になることが多い。

(11) 正解 2

訳　命の危険を冒しても、ジャーナリストは、人の利己主義と愚かさの不幸な犠牲者がいる限り、戦争について記事を書き、報道する。
1　鮮明な
2　不幸な
3　優しい
4　手つかずの、無傷の

解説　victim（被害者）を修飾する形容詞として唯一適切な hapless を選ぶ。

(12) 正解 1

訳　市で一番古い建物が来月取り壊される。多くの人が市に保存を望んでいるが、市にはそうするための予算が足りない。
1　取り壊される
2　くるまれる、まとめ上げられる
3　焼き尽くされる
4　連れ去られる、平常心を失う

解説　市民の保存希望に反して行われることとして、「取り壊される」の意味になる torn down を選ぶ。

(13) 正解 1

訳　新しい国の指導者は民主的に選ばれた。しかし彼は一度も市民の期待に応えることがなかった。職務についている間、彼は周囲にイエスマン（賛成しかしないごますりな人）しか置かず、自分に賛成しない人を容赦なく切り捨てた。
1　期待や基準に達する
2　援助、協力する
3　締めくくる、磨きをかける
4　勢いよく戻る

解説 2文目に書かれた批判的内容から、「期待に応えなかった」の意味になるように measured up を選ぶ。他の選択肢は直後の to にもうまくつながらない。

2

全文訳

石のお金

　お金——価値のあるものあるいは価値を象徴するものを物や勤労に対して使うこと—は何千年も存在してきた。こんにちお金は紙か硬貨の姿をしており、その価値はそれを発行する政府によって保証されている。より古いお金は、価値があると認められたもののかけらであり、金やあるいは巨大な石でもよかった。この石のお金はライと呼ばれ、何百年も前に太平洋のヤップ島にすんでいた人々によって初めて使用された。

　ライはヤップの人々が近隣諸島で石灰岩を発見したときに始まった。彼らは石灰岩を美しいと思い、竹のボートで自分の島に持ちかえった。やがてヤップ人たちは、こんにちのお金がそうであるように、全員が使用価値があると合意する物を必要とし、石灰岩のかけらを真ん中に穴のあいた円盤型に切り出した。石でできた巨大な硬貨を想像するとよいだろう。

　最大のライは小型の車ほどの大きさがあり、重さ4,000キロにも達した。これほど重いお金は動かしづらい。買い物時にライを移動させる代わりに、ヤップ人たちは単に口頭で、誰がその石を所有しそれで何が買われたのかを確認しあった。今では金銭的やりとりのほとんどが紙幣で行われるが、ヤップ人たちはいまだに自分たちの石のお金を大切にし、ときおり使用する。

(14) **正解** 3

訳
1　特定の地域にだけ見られる
2　さまざまな種類の通貨の1つだ
3　耐久性がより優れている
4　紙か硬貨の形である

解説 Today（こんにち）と始まり、次の文でより古い時代のお金の形式について述べられていることから、現代のお金の形について述べた3が正しいと分かる。

(15) 正解 1

訳
1. それを〜へ持ちかえった
2. 〜で／に使いはじめた
3. それを〜から国際便で送った
4. 開発することを夢見た

解説 their home island（自分たちの島へ）、on bamboo boats（竹のボートで）にうまくつながるものとして、「持ちかえった」の1を選ぶ。文脈上 it は the limestone を指す。2は一見ありえそうだが、よく見ると use の目的語がなく、ボートでという最後のフレーズにもつながらない。

(16) 正解 2

訳
1. 他人と物々交換をする
2. 彼らの石のお金に価値を置き使用する
3. 彼らの通貨制度を評価する
4. 自分のお金を持つことを狙う

解説 Although（〜だけれども）と譲歩のフレーズが置かれているのがヒントになる。ほとんどのやりとりは紙のお金で行われるという内容と逆接的で、still（いまだに）とうまくつながる内容の2が正解。3の evaluate は「評価判断をする」の意味なので、2の value「価値があると評価する、大切にする」とは区別しよう。

3

全文訳

大学と学問の自由

　大学は人々が専門的な内容を学び研究する場所だ。高等教育機関は世界中に何千年も前から存在するが、私たちが大学として知るようなものはヨーロッパで始まった。ユニバーシティ（大学）という言葉はラテン語のフレーズに由来し、教師と学者の共同体を意味する。ヨーロッパの大学は、王や王子から研究し、教え、特定の学問を学ぶ自由を与えられた学生と教師の集まりとして始まった。
　大学の背景にある重要な考え方は、学問の自由だ。学問の自由とは、学者が迫害を受けずに好きなことを学び、政治的干渉を受けることなく教え、文章を

出版できることを意味する。この考えは、存続する最古の大学であるボローニャ大学の大学憲章において初めて表明された。Constitutio Habita（ハビタ憲法）と呼ばれたこの文書は 1155 年に採用され、学者が嫌がらせを受けることなく学び教えることができるべきということを明記している。

　学問の自由は大学にとってとても重要であり、1988 年にはその考えを再確認する文書がボローニャ大学から提案された。それは大学大憲章と呼ばれ、現在世界中で 800 近くの大学が署名している。大学が学問の自由を守る手段の 1 つが、教授に終身在職権を与えることだ。終身在職権は、教授が自分の意見や学術的関心によってではなく、職業的不正によってのみ職を追われることがありえるということを意味する。しかしながら、いくつか制限はある。概して、教授は自らの授業内容にとどまり、特定の政治や宗教的なことがらを強く支持してはならないことになっている。

(17) **正解** **4**
訳 文章によると、ヨーロッパの大学は
1　王や王子が市民とともに教育を受ける教育機関であった。
2　一時期英語とラテン語で読み書きのできる学者の深刻な数不足に直面した。
3　かつては前途有望な学生たちによって構成された、独立した学問の共同体だった。
4　学生と教師が公式に教え学ぶことを許された場所として始まった。
解説 第 1 段落最終文から、王家より許可を受けて学び教えていた学生と教師の集団であったことが分かる。

(18) **正解** **1**
訳 学問の自由という考えはなぜ大学にとって重要だったか。
1　それが学者たちに学び、考えを自由に表明することを許した。
2　それが大学間の国際交流を促進した。
3　それが大学が長年存続することを保証した。
4　それが大学に決定に影響を与えるための政治力を与えた。
解説 学問の自由については第二段落で述べられている。干渉を受けずに学び、教え、意見を発表する自由のことである。

(19) 正解 **3**

訳　終身在職権を持つ教授について、文章から推測できることはなにか。
1　彼らのほとんどがボローニャ大学の学者たちによって書かれた学術論文を定期的に読む。
2　彼らは常に率直にものを言い、遠慮なくなんでも好きに批判する。
3　彼らは簡単にはクビにされないにも関わらず、たいていは他人を挑発することを避ける。
4　終身在職権は労働法に精通していることを意味するため、彼らを解雇するのは容易ではない。

解説　終身在職権（tenure）については最終段落後半で述べられている。最後の二文において、終身在職権を得た教授にも制限がかかっていることが述べられており、その結果教授たちは強い意見を表明することを避けるであろうと推測できる。

全文訳

宇宙競争

　合衆国とソビエト連邦との間の宇宙競争は、単にどちらの国が一番に宇宙に行き、人を月に送れるかを競うものではなかった。2国にとり、それはいずれの国がより優れているかを証明するための競争だった。それはいずれの国がより優れた技術を、科学を、さらには政治制度を持つかを明らかするための競争であった。その競争は協力的ではなく対立的なものであったが、人類にとっては宇宙の理解と探索を促進するという前向きな影響を及ぼした。

　公式には、宇宙競争は1955年に合衆国とソビエト連邦が初めて人工衛星と宇宙に打ち上げると宣言した時に始まった。しかし、競争が本当に始まったのはソビエト連邦が1957年に唐突にスプートニクを打ち上げた時であったとも言える。スプートニクは宇宙に初めて浮かんだ人工物であり、全世界から見え、聞こえた。

　競争は1961年に続き、ソビエト連邦は初めて地球の周りを回ることになる人、ユーリ・ガガーリンを打ち上げた。続いてその数週間後には、アラン・シェパードが宇宙に出る初のアメリカ人となった。しかしながら、ジョン・グレン

がアメリカ人として初めて地球の周りを回ったのは 1962 年の 2 月であった。それ以降アメリカ人とソビエト人は宇宙で交互に偉業を成し遂げた。ソビエトの宇宙飛行士アレクセイ・レオノフは 1965 年に初めて宇宙歩行をする人となった。一方で翌年にはアメリカ人が初めて二機の宇宙船の合体を成功させた。

これらの偉業は徐々に宇宙競争の最終目標である初の月面着陸へと近づいていった。1962 年にはジョン・F・ケネディ大統領が有名な「我々は月に行くことを選ぶ」という演説を行い、アメリカ人に 1960 年代のうちに月にたどり着くことを鼓舞した。1969 年 7 月 20 日、ニール・アームストロングとバズ・アルドリンが人類初の月面着陸を成功させ、合衆国はその目標を達成した。この偉業は宇宙競争の最盛期となる。ソビエト連邦が月に到達することはなかった。

国家の栄光を競った宇宙競争は、1972 年のアポロ - ソユーズ試験計画で幕を閉じた。合衆国とソビエト連邦の宇宙船は結合され、両国の宇宙飛行士が互いの宇宙船を訪ねて友好と平和の印とした。それは合衆国とソビエト連邦間で初の協力的な宇宙計画であった。その協力の歴史が、今も合衆国、ロシア、ヨーロッパ、日本、カナダの共同計画である国際宇宙基地（ISS）に引き継がれている。

(20) **正解** 3

訳 筆者は合衆国とソビエト連邦の間の宇宙競争をどのように表現しているか。
1 やがてはほとんどの人に忘れ去られるであろう無意味な競争。
2 主として月に人の居住地を作ることを目的としたお金のかかる競争。
3 宇宙に出て行くことがいずれの国がより優れているかを証明するという競争。
4 相互理解というよい効果を生んだ平和的な競争。

解説 第 1 段落、特に第 2 文で明確に述べられている。他は記述なし。

(21) **正解** 2

訳 筆者がスプートニクに言及した理由は
1 それが合衆国の打ち上げた初の友人宇宙船だったから。
2 それが宇宙にあって地球を回る初の人工物だったから。
3 それが合衆国とソビエト連邦間の宇宙競争を終わらせた計画

だったから。
4　それがソビエトによる2つの異なる宇宙船を合体させる計画だったから。

解説　スプートニクについては第2段落後半で述べられている。この段落最終文でスプートニクは全世界から見えたと述べられていることから、それが地球の周りを回ったことも分かる。

(22) **正解** **3**

訳　1962年の演説でケネディ大統領は
1　ソビエトよりも多くの人工衛星を地球の周りに浮かばせることの重要性を説明した。
2　合衆国はソビエト連邦との共同計画に協力すると宣言した。
3　アメリカに1960年代終わりまでに人を月面に着陸させようと鼓舞した。
4　ニール・アームストロングとバズ・アルドリンの月到着を褒め称えた。

解説　第4段落第2文より。選択肢のencourageは本文のinspireを言い換えている。

(23) **正解** **2**

訳　国家の栄光のための宇宙競争はどのようにして1972年に終了したか。
1　ソビエト人が合衆国に対する宇宙競争の勝利を宣言した。
2　それはアポロ・ソユーズ計画とともにより対立的でなく協力的なものになった。
3　合衆国とソビエトの宇宙飛行士たちが共に宇宙戦争を終わらせることを主張した。
4　日本とカナダが国際宇宙基地を共同で打ち上げるという意思を表明した。

解説　最終段落より。2以外の選択肢はいずれも実際に書かれている内容とずれている。

4

解答例（賛成派）

　I agree with the idea that more young people should work abroad in the future, and I have two arguments to support my opinion.

　First, going abroad can give young people the opportunity to work in a field that might not be as available in their home country. For example, if people want to work in the IT industry, but their own country is mostly rural, going overseas might be the best option to find a suitable job.

　Second, young people working abroad increase diversity. When people go to another country to work, they bring their culture and viewpoint with them. A wider range of ideas can help a society become more dynamic. Also, when those people go home, they bring new ideas back to their home countries.

These are my arguments for encouraging more young people to work abroad in the future.

(143 words)

訳

　私はより多くの若者が将来、海外で働くべきだという考えに賛成である。そしてこの考えを支持する2つの理由がある。

　第一に、海外に行くことで、若者は自国ではできない分野で働く機会を得ることができる。例えば、IT産業で働きたいとしても、自分の国がとても田舎だったとしたら、海外に行って適した仕事を見つけることが最も良い選択かもしれない。

　第二に、海外で働くことで若者は多様性を伸ばすことができる。仕事で海外に行く時、人々は自分の文化や観点を持ち込んでしまう。より幅広い考えは、社会をより活発にする手助けをする。そしてこのような人々が帰国すれば、新しい考えを自国に持ち帰ることになる。

　これらの理由で、より多くの若者が将来、海外で働くべきだという考えを私は支持する。

解説

　まずはトピック・センテンスで自分の意見を明瞭に述べている。そしてその論拠を述べるにあたって、2つの理由があることを明示している。

　賛成の意見として、4つのポイントの中から、working opportunity と human resources の観点を用いて、解答している。第1の例として、working opportunity について触れ、IT 産業を例に挙げている。第2の理由として、human resources について触れ、海外に行ってより幅広い知見を持った若者が自国に戻ってきた時に、それがより活動的になるとしている。

　最後の1文では、これらの理由で、より多くの若者は海外に行くべきであるという自分の主張をもう一度述べて締め括っている。

　一方反対派の意見を書く場合は、例えば gaining experience first の観点から、若いうちはまず国内で経験を積み、その後に海外を検討するべきだとか、cultural differences に苦しむに違いないので国内に留まるべきだといった主張もありえる。

　もちろん各ポイントは賛成反対どちらに使っても良いので、human resources について「人材流出」を問題視する形で反対意見として使ったり、「若者の適応力」を根拠に cultural differences を賛成意見で使うこともできる。

リスニングテスト

Part 1

No. 1　正解　4

スクリプト

M: Thank you for adopting one of our dogs.
W: You're welcome. He's so cute; I think I'll call him Buddy.
M: That sounds great. Before you leave though, I should tell you it's city law that you must schedule a veterinary appointment within ten days of adopting a dog.
W: Can I schedule it with any veterinarian?
M: Yes, but if you use one of our authorized veterinarians they'll do the checkup for free.

W: That would be wonderful. Please let me know which ones you use.

Question: What will the woman likely do next?

> 訳

男性：こちらの犬の里親になっていただき、ありがとうございます。
女性：どういたしまして。この子、とってもかわいいです。名前はバディーにします。
男性：いい名前ですね。ただ、お帰りの前にお伝えしなければいけないことがありまして、市の条例で、犬は引き取り後10日以内に獣医さんに予約を取っていただかなければなりません。
女性：予約はどの獣医さんでもよいのでしょうか。
男性：それはかまいませんが、市指定の獣医さんなら検査が無料になりますよ。
女性：それは助かります。市でお願いしている獣医さんを教えてください。
質問：これから女性はどうすると考えられますか。
1　検査代金を支払う。
2　預かり所から犬を引き取る。
3　犬に名前を付ける。
4　獣医に予約をする。

> 解説

獣医に予約を取るように勧める男性に対して、女性は Please let me know which ones you use. とお願いしていることから、今後、男性が紹介する獣医に予約すると考えられる。よって、正解は 4。

No. 2　正解　2

スクリプト

M: What kind of hotel do you want to stay at in Seattle?
W: Something not too expensive, but one with a pool if that's available.
M: I found one here for only $80 a night that has a pool. Anything else you'd want?
W: Make sure to get a room on an upper floor. I have trouble

getting to sleep on the first floor.

M: Okay, I'll make sure to book a room on an upper floor.

Question: Why does the woman want a room on an upper floor?

訳

男性：シアトルでのお泊りはどのようなホテルをご希望でしょうか。

女性：あまり値段の高くないところを。でも、できればプールがあるところを…。

男性：ここにプール付きで1泊たった80ドルというのがありますが、ほかにご希望はございますか。

女性：上の階の部屋にしてください。忘れずにお願いします。1階だとなかなか眠れないので。

男性：承知いたしました。必ず上の階の部屋をお取りするようにいたします。

質問：女性が上の階の部屋を希望しているのはなぜですか。

1　ホテルのレストランに近い部屋がよいから。
2　1階だとなかなか寝付けないから。
3　眺めのよい部屋に泊まりたいから。
4　プールに近すぎるところは嫌だから。

解説　上の階を希望する理由として、女性は I have trouble getting to sleep on the first floor. と述べていることから、1階だとなかなか寝付けないことがわかる。よって、正解は 2。trouble [difficulty] と sleep [fall asleep] という比較的容易な言い換えが使われている。

No. 3　正解　2

スクリプト

W: I just bought a new grill the other day. I'm going to try it out this weekend.

M: Sounds fun. What are you going to cook?

W: I'm going to try something really complex to take advantage of all the new features.

M: Are you sure? I'd try making something you're familiar with so you can tell how it's different from your old one.

W: That's actually a good point. Maybe I'll try one of my old standbys first.

Question: What does the man advise the woman to do?

訳

女性：ついこのあいだ新しいグリル買ったから、この週末試してみようっと。
男性：いいねえ。何作る？
女性：何かすごく手の込んだものに挑戦しようかな。新しい機能、ぜんぶ使いたいから。
男性：本気？　僕なら慣れたの作るけどな。そしたら前のとどう違うか分かるからね。
女性：ほんと、いいポイント突いてる。じゃあ最初はいつものお気に入りの中からやってみようかな。
質問：男性は女性にどのようなアドバイスをしていますか。
1　男性の家の近くの店で新しいグリルを買う。
2　手慣れた料理を作る。
3　新しいグリルのすべての機能を試してみる。
4　男性を夕食に招く。

解説　新しいグリルについて、男性は新旧の違いを見分けるには自分ならtry making something you're familiar with すると提案している。be familiar with ～「～をよく知っている」を be used to ～「～に慣れた」と言い換えている 2 が正解。

No. 4　正解　1

スクリプト

M: Do you have a preference for what seat you would like on your flight?
W: If possible I'd like a seat near the front on the aisle.
M: Well, we have a seat near the front of the plane but it's next to the window. We also have a seat near the back that's an aisle seat.
W: Hmm, between the two I'll take the aisle seat. I like to get up and stand during flights.
M: I'll reserve your seat for the seat in the back then.

Question: What do we learn about the woman's seat preferences?

訳

男性：お乗りの便のお席についてですが、ご希望はございますか。

女性：できれば前に近い通路側の席をお願いしたいのですが…。

男性：そうですねぇ、前の方でしたら、窓側のお席がございます。それから、後の方で通路側のお席もございますが…。

女性：そうですね、その2つなら通路側の席にします。フライト中に席を立ちたいので。

男性：では、後ろのお席でご予約いたします。

質問：女性の席の好みについて何が分かりますか。

1　通路側に座りたい。
2　窓側に座りたい。
3　後の席に座りたい。
4　化粧室の横に座りたい。

解説　飛行機の座席の希望を尋ねる男性に、女性は If possible I'd like a seat near the front on the aisle. と答えている。それに続く質問でも aisle seat「通路席」を希望していることから、1が正解とわかる。

No. 5　正解　1

スクリプト　　　　　　　　　　　　　　　　　05

W: I think we might need to buy new tires. The current ones are almost bald.

M: Do you think we need to buy them right away? We've already spent a lot on car repairs recently.

W: We might wait a few months, but I'll definitely want to get them in advance of our road trip this summer.

M: Okay, we'll get them a few weeks before the trip so we can make sure the new ones are fine.

W: That sounds like a good idea.

Question: What will the man and woman likely do?

訳

女性：新しいタイヤを買わなきゃいけないかも。今の、ほとん

診断テストの解答と解説　17

どツルツルだもん。
男性：今すぐ買わなきゃいけないと思う？　こないだクルマの修理に大金使っちゃったからね。
女性：2、3ヵ月は待ってもいいけど、この夏クルマで旅行するまでには絶対買いたいのよね。
男性：了解。旅行の2、3週間前には買って、その新しいタイヤでいいか、確かめようよ。
女性：それがいいよね。
質問：男性と女性はこれからどうするでしょうか。
1　夏の旅行までに新しいタイヤを買う。
2　古いタイヤをすぐに交換する。
3　修理工場で新しいタイヤを買う。
4　新車に新しいタイヤを注文する。

解説　新しいタイヤの購入に関する会話。男性の時期についての問いかけに、I'll definitely want to get them in advance of our road trip this summer. と夏前の購入を望んでいることがわかる。男性はその案に了解し we'll get them a few weeks before the trip と述べていることから、正解は1になる。

No. 6　正解　4

スクリプト

W: Are you going to the concert at the park this Saturday?
M: I don't know. What kind of music is it?
W: It's a jazz concert with a few different bands.
M: I'm not sure. I'm not really familiar with jazz music.
W: That's okay, admission is free, and there will be a lot of local food stands there if you don't like the music.
M: Hmm, well if it's free, I guess it won't be too much of a loss if I don't enjoy it. I guess I'll go.

Question: Why does the man decide to go to the concert?

訳
女性：今度の土曜、公園のコンサート行く？

男性：分からない…。どんな音楽？
女性：ジャズコンサート。バンドがいくつか出るよ。
男性：さあね。ジャズってあんまり知らないしなぁ。
女性：別にいいじゃない。入場無料だし、音楽が気に入らないなら、地元料理の屋台もいっぱい出るから。
男性：ふむむ。タダなら、楽しめなくてもそんなに損もないか。じゃあ行くよ。
質問：男性はなぜコンサートに行くことにしたのですか。
1　お気に入りのバンドが出演するから。
2　会場で地元料理の紹介をしたいから。
3　ジャズの大ファンだから。
4　入場料を払わなくてよいから。

解説　ジャズコンサートに乗り気ではない男性。admission is free（入場料が無料）と教えた女性に対して、I guess it won't be too much of a loss if I don't enjoy it. と行くことにした理由を述べている。よって、4 が正解。

Part 2

(A) No. 7　**正解**　2
　　No. 8　**正解**　3
スクリプト

Saving the Rhinoceros Through Trickery

　　A group of scientists are trying to stop poaching of rhinoceroses using a unique strategy. Many rhinoceroses are killed for their horns which are used to make medicines. To prevent this, the scientists have developed a way to reproduce fake rhinoceros horns that are indistinguishable from regular rhinoceros horns. They hope that by selling these manufactured horns the need to kill rhinoceroses will be eliminated.

　　However, some feel that this strategy won't be effective. They point out that most rhinoceros horn medicines that are sold are actually already fake. Very often they're actually buffalo horn falsely labeled as rhinoceros horn. Since poaching still goes on when most medicines are already fake, they argue this new strategy won't work.

Questions:
No. 7　What do we learn about the group of scientists?
No. 8　Why do some people think the new strategy will not be effective?

訳

トリックでサイを救う

　ある科学者グループが、ユニークなトリックを使ってサイの密猟を防ごうとしている。サイは、薬〔漢方で「犀角」と呼ばれる〕の原料となる角を目当てに大量に殺されている。これを防ぐため、科学者たちは本物の犀角と見分けがつかない偽の犀角を作る方法を開発した。この人工の角を販売することで、サイを殺さなくてもすめばよいと考えている。

　しかし、この戦略が有効でないと感じる向きもあって、販売されている犀角は実は大半がすでに偽物だと指摘している。実際は水牛の角なのにサイの角と偽装している場合が非常に多いという。犀角のほとんどがすでに偽物なのに密猟がまだ続いているのだから、この新しい戦略は無効だというのだ。

質問：No. 7　この科学者グループについてどういうことが分かりますか。
1　限られた数の猟師にだけ（狩猟）免許を交付すべきと主張している。
2　偽物の角を作って売ることでサイを救いたいと考えている。
3　犀角に薬効がないことを証明した。
4　サイを猟師のいない、より安全な場所へ移すことに反対している。

解説　第1段落第3文にサイの密猟を防ぐために科学者は、have developed a way to reproduce fake rhinoceros horns that are indistinguishable from regular rhinoceros horns とあるので、正解は2である。indistinguishable「見分けがつかない」と fake「偽物の、フェイクの」

の言い換えに着目。

質問：**No. 8** 新しい戦略に効果がないと考える人がいるのはなぜですか。
1 サイの角は用途が非常に多く、代わりが利かないから。
2 密猟者は肉を目当てにサイを狩るだろうから。
3 薬の犀角はほとんどが実際はサイの角で作られてはいないから。
4 サイの数が水牛のせいで減っているから。

解説　第2段落冒頭の However は話題の転換点を示すディスコースマーカー。後に続く内容に細心の注意を払う。科学者の中に新しい戦略に懐疑的な人もいるのは、most rhinoceros horn medicines that are sold are actually already fake という理由からなので、3 が正解。

(B) No. 9 正解 **3**
No. 10 正解 **1**

スクリプト

Baby Sign Language

　Most babies don't start speaking until they are 18 months old, but some parents have learned how to communicate with their children earlier by using sign language. Since babies learn to control their arms earlier than they learn to control their mouths, they can form sign-language words before they can speak out loud. Though they can't speak, they can still relate simple concepts like "food", "more", or "sleep."

　Teaching babies sign language can also aid in learning spoken language. Babies who are taught sign language often learn spoken language quicker because they are introduced to the concept of words earlier than other babies, even if these words are signed instead of spoken.

Questions:
No. 9 Why can babies learn sign language before they can speak?
No. 10 What is a benefit of teaching babies sign language?

| 訳 |

赤ちゃんの手話

　ほとんどの乳児は生後18ヵ月たってようやく話し始めるが、もっと早い時期に親が「手話」を使って子供とコミュニケーションを取れるようになったケースもある。乳児は、腕を操れるようになるのが口を操るより早いため、声で話し始めるより前に手話の言葉を使えるようになる。話すことはできないが、「ご飯」とか「もっと」とか「眠る」など、簡単な概念を伝えることはできるのだ。

　乳児に手話を教えることは、音声言語を学ぶ上でも役立つ。手話を習った乳児は、音声言語を覚えるのが早いケースが多い。なぜなら、言葉の概念というものについて、他の乳児よりも早い時期に手ほどきを受けるからだ。ただ、その言葉は身振りの言葉で、音声の言葉ではないのだが。

質問：No. 9　乳児が話し始めるより前に手話の言葉を覚えらえるのは何故ですか。
1　手話の方が、音声の言葉よりも覚える言葉が少ないから。
2　乳児は耳より眼の方がよいから。
3　腕を操れるのが口を操るより上手だから。
4　脳の言語野が未発達だから。

| 解説 | 乳児の発話より手話の方が早い理由として、babies learn to control their arms earlier than they learn to control their mouths と述べているので、3 が正解となる。ここでの tongue(s) は「言葉、言語」の意味。

質問：No. 10　乳児に手話を教えるメリットは何ですか。
1　音声言語をより簡単に覚えられるようになる。
2　物事をより正確にこなせるようになる。
3　言葉を使うことの大切さを理解する。
4　すべきことをより素早く決められるようになる。

| 解説 | 第2段落に、手話を教えられた乳児は often learn spoken language quicker とあることから、1 が正解。easier は quicker の平易な言い換え。

(C) No. 11 正解 2
　　No. 12 正解 2

スクリプト

Virtual Reality Sickness

　Virtual reality, or VR, has existed for several decades, but has always had an overarching problem in motion sickness. This is caused by a disconnect between what the headset shows and what the user is doing. If users turn their heads quickly and the screen is slow to catch up, motion sickness can occur. It's the same reason people get sick on boats; the motion of the water doesn't match up with our own movements and we become disoriented.

　Luckily, advances in technology have mitigated this problem. New VR headsets track motion much more quickly, and looking around feels much more like real life. Such advancements are the main reason for the recent VR boom.

Questions:

No. 11 What problem has virtual reality had?
No. 12 What contributes to the recent virtual reality boom?

訳

仮想現実病

　仮想現実（VR）が生まれてから数十年、その間つねに動揺病（乗り物酔い）という大きな問題を引き起こしてきた。その原因は、ヘッドセットが映し出す内容とユーザーの行動とのズレにある。ユーザーが首を素早く回したのに、画面が遅くてそれに追いつけないと、乗り物酔いが発生する。これは船酔いと同じ理由だ。〔船酔いでは〕水の動きが乗客の動きと一致しないので、頭が混乱してしまう。

　幸いなことに、技術の進歩によってこの問題は改善されてきた。新型のVRヘッドセットは、運動をはるかに高速で追跡できるため、周囲を見回しても実際にはるかに近い感覚となっている。最近のVRブームも、こうした進歩が主な要因である。

質問：**No. 11**　仮想現実にはどういう問題点がありましたか。
1　グラフィクスが実物に似すぎているために、しばしば病気の原因となってきた。
2　ユーザーが自然に感じられるほどうまく運動を追跡することができなかった。
3　追跡力が遅いために、重大な事故につながることが多かった。
4　仮想現実を長時間利用すると頭が混乱することがあった。

解説　第1段落は仮想現実が引き起こす動揺病についての内容。その原因として、a disconnect between what the headset shows and what the user is doing と述べられているので、これを言い換えた2が正解となる。

質問：**No. 12**　最近の仮想現実ブームに寄与していることは何ですか。
1　より大きな画面のヘッドセットが出回っていること。
2　運動をより速やかに検知する技術が採用されたこと。
3　よりリアルなグラフィクスが開発中であること。
4　何かを探していて周囲を見回すときに便利であること。

解説　第1段落が否定的な内容であることから、第2段落冒頭の Luckily が肯定的な内容へと続くキーワードと捉える。技術の進歩により改善（mitigate）され、ブームに寄与しているのは、具体的に新しい VR のヘッドセットが track motion much more quickly, and looking around feels much more like real life を可能にすること。よって、2が正解となる。

Part 3

(D) No. 13　正解　2

スクリプト

You have 10 seconds to read the situation and Question No. 13.

Just so we're clear, I want to let you know this is a competitive league. I want to make sure you and your team don't think this is a beginner league. Before you do anything else, write out your team name here so I can enter it into our system. Then go and collect the signatures of your teammates. You're required to have at least 12 people. You'll also need to pay the registration fee of $40 at that time.

> 訳

場面：あなたはソフトボールチームのメンバーで、チームはいま地元リーグへの登録を進めているところです。登録申込書の記入方法について次のような説明を受けました。

スクリプト：
　問題13の場面と質問を読む時間が10秒間あります。
　念のため申し上げますが、このリーグは競技リーグです。お客様もお客様のチームもビギナーリーグとはお考えにならないようお願いいたします。まず、ここにチーム名を記入してください。システムに入力しますので。それから、チームメンバーの署名を集めていただきます。署名は12名以上必要となります。またその際に登録料40ドルをお支払いいただきます。

質問：**No. 13**　あなたがまずすべきことは何ですか。
1　ビギナーリーグの試合をする。
2　チーム名を記入する。
3　チームメンバーの署名を集める。
4　登録料40ドルを支払う。

解説　説明の中で、まず write out your team name here と指示がなされているので、2が正解。Before you do anything else「他のことを始める前に、まず（= First of all, First）」を聞きとることがポイント。

(E) No. 14　正解　4

スクリプト

You have 10 seconds to read the situation and Question No. 14.

Our most popular attraction is the bungee jump. It takes place next to the swimming pools, and requires a reservation. Today we only have one more slot available. We also have individual spa treatments at our salon. There are a few classes available including a snorkeling class for parents and children as well as a scuba diving class for couples.

> [訳]
> 場面：あなたはリゾートホテルに滞在中。夫といっしょに何か楽しめることがないか調べています。接客係から次のような説明を受けました。
>
> スクリプト：
> 問題14の場面と質問を読む時間が10秒間あります。
> いちばんの人気は、バンジージャンプでございます。場所はプール横ですが、予約が必要になります。きょうは空きがあと1つしかございません。またサロンでは、お一人ずつ施術するスパエステがございます。講座では、親子シュノーケリング教室やカップル向けスキューバダイビング教室など、いくつかご用意いたしております。
> 質問：**No. 14** あなたは何をするのがよいでしょうか。
> 1 バンジージャンプに行く。
> 2 スパに行く。
> 3 シュノーケリング教室に行く。
> 4 スキューバダイビング教室に行く。

[解説] Situation の You are looking for an activity to do with your husband. をしっかり読んでおくことがポイント。説明の最後にa scuba diving class for couples とあることから、夫婦で参加すべきなのは4。

(F) No. 15　[正解]　4

スクリプト

You have 10 seconds to read the situation and Question No. 15.

The simplest option would be to wait for our scheduled delivery tomorrow. We usually deliver to your neighborhood around noon. We can have the driver call you 30 minutes before he arrives so you're prepared. We can also hold the package and you can pick it up yourself. Our office is open from 10 a.m. to 5 p.m. for pickup. You also have the option to have it delivered to a nearby convenience store where you can pick it up at any time.

> 訳

場面：あなたの不在中に運送会社が荷物の配達に来ていました。あなたは午前9時から午後7時の間は不在なので、置いてあった番号に電話して、どういう方法があるか尋ねたところ、次のように言われました。

スクリプト：

問題15の場面と質問を読む時間が10秒間あります。

いちばん簡単な方法は、明日の予定配送までお待ちいただくことです。ご近所への配達は通常、正午前後となります。ご準備いただけるよう、到着30分前に運転手から電話させることができます。あるいは、こちらでお荷物をお預かりしてお引き取りに来ていただくことも可能でございます。お引き取り時間は午前10時から午後5時までとなっております。あるいはまた、お近くのコンビニエンスストアへ配達し、いつでもご希望のお時間にお引き取りいただくこともできます。

質問：**No. 15**　荷物を受け取るためにはどうすればよいでしょうか。
1　配達される前に運転手に電話する。
2　通常の配達時間での宅配を依頼する。
3　運送会社で荷物を受け取る。
4　コンビニエンスストアへ配達してもらう。

> 解説

Situationにある You are not available between 9 a.m. and 7 p.m.（午前9時から午後7時の間は不在）を念頭に置き、それに適う方法を選ぶ。始めの2つの方法は時間的に難しいので、荷物の受け取りには時間を問わない方法 have it delivered to a nearby convenience store を選ぶしかない。よって、4が正解。

練習問題の解答

第 3 章　学習法を学ぶ

語彙・読解編　本冊 pp.58-73

練習問題 3

それぞれトピック・センテンスは下線部

① <u>A key idea behind universities is academic freedom.</u>　Academic freedom means that scholars should be free from persecution to study what they want and to teach and publish writings without political interference.　The idea was first expressed in the academic charter of the University of Bologna, the world's oldest continuing university.　The document, called the *Constitutio Habita*, was adopted in 1155 and makes clear that scholars should be able to study and teach without harassment.

② Officially, the space race began in 1955 when the U.S. and Soviet Union announced intentions to launch satellites into space for the first time.　<u>However, it could be argued that the race really started with the surprising 1957 launch of Sputnik by the Soviet Union.</u>　Sputnik was the first man-made object in space and it could be seen and heard all over the world.

練習問題 4

① 3. Although　② 4. However

練習問題 6

① tenure ＝テニュア、大学教授に与えられる終身雇用権（文中では語の直後に説明があります）
② agenda ＝アジェンダ、意図、隠された目的を指します

練習問題 7

① tear down　取り壊す
② measure up　期待や基準に達する
③ be carried away　連れ去られる、平常心を失う
④ pitch in　援助、協力する

練習問題 8

① 4. reproduce　② 3. inventory　③ 1. detour　④ 4. sanction

練習問題 9

① 再び始める（本文では resuming 再開する）
② 不十分な（本文では superficial 表面的な）
③ 駄目にする（本文では pampering 過度に甘やかす）

練習問題 10

① extraordinarily（→ extra 超過、ordinary 普通の、ly 副詞）(extraordinary 形容詞、ordinarily 反意語)
② rationalization（→ rational 合理的な、ize 化、ation 名詞）(rational 形容詞、rationalize 動詞)
③ disrespectful（→ dis 反対、respect 尊敬、ful に満ちた）(disrespect 動詞・名詞、respectful 反意語)
④ interchangeable（→ inter 相互、change 交換、able 可能）(interchangeability 名詞、interchangeably 副詞)
⑤ conservatism（→ conservative 保守的、ism 主義）(conserve 動詞、conservative 形容詞、conservation 名詞)

練習問題 11

① (cast) a vote
② on the (verge) of bankruptcy
③ (refuse) to answer
④ (reconcile) cultural differences
⑤ be (accused) of lying

練習問題 12　解答例

クジラやイルカを見るツアー（tour）の人気（popularity）と、それによる数（local population）の減少といった懸念（concern）、政府当局（authorities）による規制（regulations）の必要性、についての文章です。

練習問題 13

原文は Meanwhile、他に In a meantime, On the other hand, In turn など、対比・並列のマーカーがありえる。

練習問題 14

① 4,000 kilograms（4千キロという重さ）
② academic freedom（学問の自由という考え）
③ successfully land on the moon（月への着陸成功という偉業）

練習問題 15　解答例

① この文章のタイトルは「コスタリカ-ニカラグア国境論争」です。3つの問いからは「コスタリカがニカラグアに対して苦情を言ったこと」「コスタリカが川沿いに築いていた道路があり、それに対してニカラグアが主張をしたこと」「国際裁判所がコスタリカに有利な裁定を下したこと」が分かります。
② この文章のタイトルは「オルトレキシア（摂食障害の一種）」です。4つの問いからは「この文章がオルトレキシアについて解説していこと」「子どもたちがオルトレキシアを患う一因について説明があること」「オルトレキシアを独立した障害として認めようという動きがあること」「文章の終盤にスティーブンブラットマン博士のコメントが紹介されること」が類推できます。

学習法　リスニング編　本冊 pp.74-95

練習問題 1　解答例

① 予測される質問文の疑問詞 →（ What ）〜？
② 予測される質問文の疑問詞 →（ Why または What ）〜？

練習問題 2　解答例

① 予測 → food source（食料限）、leaves（葉）、acacia trees（アカシアの木）や

30

spiders（クモ）、nest（巣）と言った単語から「植物の昆虫の共生」の話題ではないだろうか。
② 予測→ solar power（太陽光発電）、electricity（電気）、fuels（燃料）といった名詞や produce（生み出す）、mine（採掘する）といった動詞から「代替燃料」の話題ではないだろうか。

練習問題3 解答例

「場面・状況」に二重線、「行動・意図」に波線、「聞き取る音声」に下線

①
Situation: A delivery company tried to deliver a package while you were away. You are not available between 9 a.m. and 7 p.m. You call the number they left to learn your options and are told the following.

②
Situation: You are at a hospital. You have been to this hospital before but do not have health insurance. The receptionist tells you the following.

③
Situation: You found three cockroaches in your apartment and want to solve the problem. A pest-control-company representative tells you the following.

練習問題4 解答（音声スクリプト）

What kind of hotel do you want to stay at in Seattle?
Something not too expensive, but one with a pool if that's available.
I found one here for only $80 a night that has a pool. Anything else you'd want?
Make sure to get a room on an upper floor. I have trouble getting to sleep on the first floor.
Okay, I'll make sure to book a room on an upper floor.

学習法 ライティング編　本冊pp.96-102

練習問題1　解答例

① 賛成

I agree (with the opinion) that Japan should accept more immigrant workers. / I believe (that) Japan should accept more immigrant workers.

反対

I disagree (with the opinion) that Japan should accept more immigrant workers. / In my opinion, Japan should not accept more immigrant workers.

② 賛成

I think more people will prefer artificial pets to real pets. / I agree (with the idea) that more people will prefer artificial pets to real pets.

反対

I don't think more people will prefer artificial pets to real pets. / I disagree (with the idea) that more people will prefer artificial pets to real pets.

練習問題2　解答例

① I want と自分の望みを述べてしまっており、客観的な意見になっていない。
② TOPIC を肯定しながら反対しているため、賛成反対の立場がはっきりしない。
③ 「日本は移民を受け入れるだろう」という予測になっており、賛成反対の形になっていない。
④ TOPIC への賛成反対を述べずに（反対）理由を書いてしまっている。

練習問題3　解答例

① First of all（First / Firstly / To begin with / For one reason など）
② Moreover（Furthermore / Second / Secondly / What is more / Also など）

練習問題4　解答例

natural　反対理由

Artificial pets lack the kind of natural feelings that real pets provide. Only real pets can show happiness, affection, sympathy or sometimes sadness in an authentic way. Therefore, most people will continue to prefer to live with real pets rather than with artificial ones. (44 words)

animal shelter　反対理由

In recent years, more and more people have been aware of the animals that live in animal shelters. Such animals need to be picked up by new owners. Also, finding a pet animal at a shelter costs much less than buying one at a pet shop. (45 words)

living condition　賛成理由

Considering the living conditions in contemporary society, where people tend to choose to live in urban areas rather than in the countryside and to have smaller families, it is natural to expect more people to choose artificial pets that are easier to take care of than real pets. (48 words)

life-span 賛成理由

One of the biggest problems with real pets is that they tend to have a shorter life span than people. That is, they usually die early, breaking their owners' hearts. Artificial pets, on the other hand, do not have a natural life span. (43 words)

練習問題 5　解答例

① In conclusion, I believe more people will prefer artificial pets to real pets. Artificial pets are more suitable to our contemporary life style, and they do not have very short or limited life spans like real pets.

② To sum up, I believe more people will prefer to have real pets rather than artificial ones. Only real pets can be your true friends with natural emotions. Also, more people will choose to help animals out of animal shelters.

練習問題 6

① 3. However　② 1. Meanwhile　③ 4. Although

練習問題 7

① 4. radiation　② 1. endangered　③ 4. regulate

練習問題 8　解答例

① Although some people say self-driving cars are safe, I don't think so.
② Rapid advancement of science and technology has enabled us to live more

comfortably.
③ It is natural that humans, who have created the problem of environmental pollution, should try their best to solve it. / It is natural that humans should try their best to solve the problem of environmental pollution that they have created.
④ Having lived abroad, I know how difficult it is to live without being able to communicate in one's native language.

練習問題 9
① convenience → convenient
② allow → allows
③ we → they
④ easier → more easily

実践テストの解答と解説

第4章　診断テスト（英検準1級 Half 模試 B）　本冊 pp.116-128

解　答

筆記試験

1　(1) 4　(2) 3　(3) 4　(4) 4　(5) 3　(6) 2
　　(7) 1　(8) 1　(9) 4　(10) 4　(11) 2　(12) 2
　　(13) 4

2　(14) 2　(15) 4　(16) 1

3　(17) 3　(18) 2　(19) 2　(20) 2　(21) 1　(22) 2
　　(23) 4

4　解説を参照

リスニングテスト
Part 1　No.1　3　No.2　4　No.3　2　No.4　4　No.5　3　No.6　2
Part 2　No.7　3　No.8　2　No.9　2　No.10　4　No.11　1　No.12　4
Part 3　No.13　1　No.14　2　No.15　3

筆記試験

1

(1)　**正解**　4

　訳　*A:* すみません。料理用の手袋（ミトン mittens）を探しているのですが。

　　　B: こちらはいかがですか。700℃までの熱に耐えられる素材でできています。

　　1　（注意などを）そらす

2 より長生きする
3 隔離する
4 耐える

解説 heat「熱」という目的語に適合するのは withstand「耐える」のみ。単語の意味は部分に分けて考えるとよい。他にも同義語、類義語、対義語などに注意しておくと、それらがヒントになって思い出せる。辞書を引いた時には語源にも注目。

(2) **正解** 3

訳 メディアにしばしば理想の父親像として描かれるため、その俳優は生き残るために良いイメージの保持が重要だと考えている。
1 宣告される
2 慰められる
3 描写される
4 関連付けられる

解説 by the media（メディアによって）、as an ideal father（理想の父親として）とのつながりから、「描写される」の portrayed を選ぶ。
→ 全体の意味が分かれば選択すべき語が分かる。
→ portray A as B と言った動詞の語法は重要。例えば associate は今回紛らわしかったが、associate A with B（A と B と関連付ける）という用法のため不可。

(3) **正解** 4

訳 スタンは誤りを犯した。だが彼は同僚の注意をそこからそらそうとし、問題を解決しようとはしなかった。
1 こっそり移動する
2 誓約する
3 統括する
4 脇へそらす

解説 文意や直後の attention away from it とのつながりから「(注意を)そらす」の意味の divert を選ぶ。sneak が紛らわしいが、これは自動詞で「(彼自身が)こっそり動いた」の意味になる。

→ 必要に応じて日本語訳も参考にしながら、語の正確な意味を辞書で確認する。
→ 自動詞・他動詞を区別し、SやOに何が来ることが多いかに気をつける。

(4) 正解 4

訳
A: ジェインの部屋に行ったことある？ 内装がすごくかわいいよ。
B: 本当にそう？ むしろ悪趣味だって聞いたんだけど。
1 関連性がある
2 壊れやすい
3 きびきびした
4 悪趣味な、下品な

解説 BはAの発言内容に対して懐疑的なため、cute と対照的な vulgar が正解。

(5) 正解 3

訳
A: ヒューズ医師は最初少し変わり者に思えたが、彼が当院で最高の医師の1人であるということは疑いの余地がない。
B: そうだね。今では彼の能力を疑う人はほとんどいない。
1 申し込み、応用
2 重役
3 能力、力量
4 問い合わせ、調査

解説 Aに賛成しているBの発言内容として、明確に意味が通るのは competence のみ。

(6) 正解 2

訳
A: どうして僕がこういったストレスの溜まる仕事をしなくちゃならないのかが分からないよ！
B: まあまあ、ボブ。たぶんあなたの上司はあなたがストレスに強いと思っているのよ。
1 身を捧げている、熱心な

実践テストの解答と解説 37

2 耐性がある、回復が早い
3 行動の
4 競争心の強い、競争力のある

解説 ストレスの溜まる仕事をやらされているという内容から、「ストレスに強い」という意味になるように resilient を選ぶ。
→ 派生語から意味を類推する compete, behavior

(7) 正解 1

訳 アマンダは会社に迂回路で行くという夫の提案を無視した。その結果、彼女は渋滞にはまり、重要な仕事の約束に行けなかった。
1 迂回路
2 傾斜、傾向
3 貨物、重荷
4 脅威、厄介

解説 make a detour で「迂回する」の意味になる。
→ 熟語の知識
→ 日常表現や会話表現の知識を増やす。

(8) 正解 1

訳 ビンセントは大学に通い始める前に 10 ヶ月ほどアジアを旅してまわった。彼は今でも東京で買ったキーホルダを、旅の記念に使っている。
1 記念品
2 過失、経過、失敗
3 孤独、1 人の時間
4 直感、こぶ

解説 過去の旅を思い出すものなので「記念品」という意味を持つ語がどれか分かれば正解できる。
→ 派生語。語の形から意味を推測する。
→ 映画のタイトルなど、なんでも調べて参考にしておく。

(9) 正解 4

訳 科学技術は私たちの日常生活を便利にしてくれるだけではなく、

多くの職を危うくする可能性がある。
1　相続、遺産
2　弟子、見習い
3　免除
4　危機

解説　put in jeopardy で「危機にさらす」の意味の熟語。ここでは機械のせいで職を奪われる人が現れることを言っていると思われる。
　→ ドラマや映画に頻出する語。tax exemption で「免税」。様々な場面で英語に注意を払おう。

(10) **正解** 4

訳　アシュレイは田舎で農場を経営している祖父をよく訪ねる。彼女はそこの馬が非常におとなしくて乗りやすいので気に入っている。
1　進行中の
2　残忍な
3　悪名高い
4　従順な

解説　馬が乗りやすいということと矛盾しない docile を選ぶ。似て非なる語に注意。ongoing ⇔ outgoing, famous ⇔ infamous など。

(11) **正解** 2

訳　
A: 信じがたいことにジャスティンがまた週一のミーティングに遅刻したよ。
B: ルーシーが激怒したんじゃない？ 彼女はスタッフが常に時間を守ることを求めているから。
1　効果が出始める
2　腹を立てる
3　何とか生活していく
4　長々と続く

解説　いずれも会話でよく使われる熟語。遅刻を繰り返した部下に対して上司が怒ったという意味になるように blew up を選ぶ。
　→ 会話表現のニュアンスをつかむ。意味のつかめない表現は調

実践テストの解答と解説　39

べること。

(12) 正解 **2**

訳 学び方にはいろいろあります。大切なのは、特定のやり方に固執するのではなく、なるべく多くを試し、最も自分に合うと思うものを見つけることです。
1 を強く要求する
2 に固執する
3 を打ち落とす、厳しく批判する
4 判別する、理解する

解説 instead of ～（～の代わりに）の後に入り、「色々試す」と対照的なこととして「1つに固執する」の意味になる adhering to を選ぶ。
→ 動詞 + a の熟語を覚える。adhesive tape で「粘着テープ」。

(13) 正解 **4**

訳 ピーターは普段フランス語の翻訳がとても上手だが、語彙と文法がたいへん古めかしかったために、その文書の理解には苦しんだ。
1 適切である
2 国際的な
3 気持ちを落ち着かせるような
4 堪能な、熟達した

解説 言語を上手に扱うという意味で使えるのは proficient。appropriate は「状況などに適している」の意味で使う。

2

全文訳

空の旅

飛行機の前の時代にも、限定的な航空旅行はグライダーや熱気球の形で存在した。しかし、こんにち私たちが知っているような一斉の航空旅行は、1903年にライト兄弟が初めてエンジン付き飛行に成功した後に盛んになった。それ

以降、空の旅は人々がすばやく長距離を移動するための主要な手段となった。だが、初期の航空旅行は簡単ではなかった。最初の頃の飛行機は小さく、遅く、主として木でできており、簡単に長距離を飛ぶことはできなかった。

　20人以上を安全に長距離移動させられるような飛行機は1930年代に登場した。これらの飛行機は金属でできており、まだ停まって燃料補給をする必要はあったが、人を乗せて海を越えることができた。初期に商業的成功をおさめた旅客機にアメリカ製のDC-3がある。それはユナイテッド航空、アメリカン航空、KLMといった航空会社に使用された飛行機の1つであった。

　これら初期の旅客機はプロペラエンジンで動いていた。しかし、それらはジェット機に取って代わられることとなる。その始まりが英国製のコメットであった。コメットは1949年に登場し、そのすぐ後にはボーイングやダグラスといった製造会社の旅客機が続いた。効率と安全性の面で着実に技術が進んだことを除けば、これらは現在ほとんどの人が日常的な空の旅に使用するのと同じジェット機である。

(14) **正解** **2**
- **訳**
  1 私たちが毎日仕事に行き来する
  2 人々がすばやく長距離を移動する
  3 私たちにほとんどが飛行機を設計するための拠り所とする
  4 優秀な発明家はよく知っているにちがいない
- **解説** air travel が果たす役割として適切な2を選ぶ。premier は「主要な、第一の」の意味で、名詞で「首相」の意味でも使われる。get across は「〜を越える、横切る」の意味である。

(15) **正解** **4**
- **訳**
  1 飛行機を速やかに地上走行で移動させる
  2 一方行に飛ぶ
  3 乗客を乗せる
  4 燃料補給の為に停まる
- **解説** 空欄は although（〜ではあるが）で始まる譲歩節の中にあり、主節の内容が「人々を乗せて海を越えられた」なので、それを若干弱めるような内容で、追加の説明がなくても不自然ではない4を選ぶ。

実践テストの解答と解説　41

(16) **正解** 1

訳
1 〜を除いては
2 〜の欠如により
3 〜に加えて
4 〜という目的の為に

解説 主節の「これら（＝初期のジェット機）は今日私たちが使用するものと同じ」という内容に対し、「技術が進んだこと」は矛盾しており、空欄が「〜を除いては」という内容になるであろうと推測できる。

→ 語彙力
→ 空欄の前後の論理関係。逆説、譲歩、例示などに注目。
→ 空欄の前後の構文関係。主語に対して適切な述語か、など。

3

全文訳

甲虫

　全種類の甲虫は全ての昆虫の40％に相当し、地球上の全ての動く生き物の30％を占めている。甲虫にはおよそ100万種が存在すると推定されており、それらは極感の地と水中を除く世界のいたるところに生きている。甲虫がそれほどまでに成功している理由は、それらが多様でさまざまな環境に適応したことだ。甲虫の中には屍肉を食べるものもいれば、糞を食べるものもいる。顕微鏡サイズの小さなものもいれば、10センチを超えるものもいる。その多様性の反面、甲虫にはいくつかの共通点がある。それらは昆虫であるため、当然6本の脚と1つの頭、胸部と呼ばれる中間部分、そして腹部を持つ。外側は複数の硬い殻で覆われている。全てではないがほとんどの甲虫は飛翔用の翅を持っている。

　前述の通り、甲虫には多くの種類がいる。世界最大の甲虫の1つは、正しくtitanus gigantius（いずれも「巨大」の意味）と名付けられている。それは17センチ、あるいは人の手のひらの大きさにまで成長する。生息地はパプアニューギニアやブラジルといった場所だ。titanus gigantius は巨大だが、科学者たちは何百年も昔には、地球の大気が濃かったために、さらにずっと大きな虫が存在したと信じている。

もう1つの興味深く、ほとんどの人が甲虫だと知らないかもしれない甲虫が蛍だ。この夜に光って飛び回る大人気の虫は、実のところ甲虫である。蛍が光るのは下腹部で作られる化学物質のためだ。それらが光る最も有力な理由は防衛だ。光は他の生き物に蛍には毒があるぞと伝える。もう1つの理由は性の区別だ。蛍の中には光を使ってオスの蛍を誘き寄せて食べるものすらいる。科学者たちは甲虫に関するこういった事実を継続的に学んでおり、当面の間は発見が止むことはなさそうである。

(17) **正解** 3

訳 人々が世界中で甲虫を見ることができる理由の1つは？
1　甲虫は絶滅寸前であり、それゆえに世界中の政府によって保護されている。
2　甲虫は外側に硬い殻を持ち、それによってさまざまな場所で生き延びることができる。
3　甲虫の多様性はさまざまな環境への適応を可能にした。
4　甲虫は胸部から毒性の液体を放出することで身を守ることができる。

解説 第1段落第3文より、甲虫の多様性が様々な環境での生存を可能にしたと述べられている。第4文以降は多様性の具体例。diverse（多能な）と diversity（多様性）、adapt（適応する）と adjust（調節する、合わせる）といった言い換えに注意しよう。

(18) **正解** 2

訳 科学者たちが信じているのは太古の甲虫が
1　17センチすなわちほぼ人の手のひらの大きさにまで成長できたこと。
2　地球の大気が今よりも濃かったためにサイズがより大きかったこと。
3　主にパプアニューギニアやブラジルといった場所に生息しただろうということ。
4　こんにちの甲虫に比べ形は大きく異なったものの色はほとんど変わらなかったこと。

解説 第2段落最終文より。1と3は現存する巨大甲虫のことである。

(19) 正解 2

訳 本文の筆者の説明によると蛍が光る理由は
1 光がお互いを食事や安全な場所に導くのに役立つから。
2 そうすることで他の生き物に自分たちが毒性で食べられないと伝えるため。
3 夜に活動するため、暗闇の中で互いの場所を知らせる必要があるから。
4 下腹部で化学物質を作るために電気が必要だから。

解説 最終段落第4、5文より。他に答えになり得るのは「下腹部で化学物質が作られるため（第3文）」「性を区別するため（第6文）」「オスの蛍を騙すため（第7文）」だが、選択肢にはない。
→ 語彙の重要性。派生語や類義語による言い換え。
→ 速やかに scan して答えに関わる部分を見つける。

全文訳

石炭紀

　石炭紀は3億6千万年前から6千万年続いた。この時代は世界中に樹木が育ったことに特徴付けられる。樹木はまだ発生したばかりであり、全世界に広がりつつあった。これらの樹木は今日のものとは異なり、極めて浅い根系を持っていた。このことは倒れる木が多いことを意味した。しかし、そんな木が分解されてしまうような今日とは違い、それらの木はただ地面に横たわり続けた。なぜならば木を分解する細菌がまだ生まれていなかったからだ。食料は豊富にあったのだが、それを食べるための生命体がいなかったのだ。

　この状況の結果として、森林の下にはたくさんの枯れた樹木が互いに覆いかぶさっていった。それにより起こったことの一つとして、空気から抽出された多くの炭素が、これらの倒木の中に閉じ込められた。その閉じ込められた炭素こそが、石炭紀の「炭」の由来である。空気中の炭素の量が減少し、そのことは大気中の酸素の割合が相対的に増えたことを意味した。空気中の酸素量は、石炭紀に35%であったものが、今日はおおよそ21%である。酸素が手に入りやすくなったことにより、昆虫のような無脊椎動物が今日よりもはるかに大き

く成長した。今日のサソリに類似した昆虫で体長75センチメートルをこえるものもいた。このような生き物の中で最大のものは体長2メートルもあった。

この状況はまた、近現代に人類が掘り出した石炭のほとんどを生み出した。樹木は分解されることがなかったため、何百万年もの間、地中に留まった。上層の岩石によって生み出された圧力や熱が死んだ樹木を圧縮し、それらをエネルギー豊富な石炭へと変化させた。強力な圧力を受けた後でさえ、このかつては樹木であったものによる地層は10メートル以上の厚みがあった。こういった石炭層の発見が、産業革命を可能とした機械類の動力源、そして今でも世界の電力発電所の3分の1の燃料源を生んでいる。石炭紀の生態系が、何億年も後の人類の歴史を左右する影響を残したのだ。

やがて石炭紀は、奇しくもそれを特徴付けるまさにその理由によって、結末を迎えた。今日炭素が多すぎることによって地球が温暖化していることとまったく同様に、炭素の欠乏が地球が寒冷化させたのだ。気候が寒冷化し、雨林の多くの樹木が死滅した。氷河が大地の多くを覆い、残った大地を押しつぶした。やがて気候は通常に戻ったのが、残った樹木はごくわずかだった。さらにその頃には、リグニンやセルロースといった、樹木を形成し初期はそれらを分解から守っていた強い材質を食べるような、細菌や微生物が生まれていた。樹木はいまだに地球上の生物量の多くを占めているが、かつてそうであったように生態系を支配する存在ではなくなっている。

(20) **正解** **2**

訳 なぜ石炭紀に木の幹が森林の下に積み上がったのか。
1 人々は木で建物を作る方法を発見していなかった。
2 その時代には木を食べることのできる生き物がいなかった。
3 寒かったために凍って固まった。
4 ほとんどの動物は肉食で植物を食べなかった。

解説 第1段落第6文の However, 以降の内容に関連している。具体的には第7文の That's because 以降に答えがある。設問には本文にない trunks（幹）や build up（積み上がる）が使われているが、しっかり第1段落後半が読めていれば正解できるはず。

(21) **正解** **1**

訳 何が石炭紀に昆虫をそれほど大きく成長させたのか。

実践テストの解答と解説　45

		1	大気中の気体の構成が異なったこと。
		2	食べることのできた大量の食料。
		3	それらを食べる捕食者が少なかったこと。
		4	変温動物の助けとなる暖かい気候。

解説 昆虫が大きくなったという内容は第2段落後半にある。第2段落では空気中の炭素と酸素の割合が今日とは異なったことが述べられており、結果的に昆虫が大きくなったということが第6文で述べられている。正解選択肢では composition（構成）、gases（気体）という本文中にない表現が使われているが、消去法でも正解にたどり着けたはず。

(22) **正解** 2

訳 石炭紀は〜によって人類の歴史に影響を与えた。
1 農業に使われる動物の進化
2 今でも電力を生みだすために使われているエネルギー源を作り出すこと
3 人類が今も生き続ける現在の気候期を始めたこと
4 人類に建物を作るために必要な素材を与えること

解説 石炭紀が石炭を生みだすことによって、何百万年も後の人類の歴史に影響したという内容は、第3段落の最終文に述べられている。石炭すなわちエネルギー源を生んだということなので2が正解となる。3は地球温暖化に関連して選んでしまいそうになるが、石炭紀が現代の気候の開始時期とは述べられていない。

(23) **正解** 4

訳 何が石炭紀の終わりの原因となったか。
1 海の水位が上がり塩水で木が枯れた。
2 大きな昆虫たちが地球上の木をほとんど食い尽くした。
3 火山の噴火で太陽の光があまり届かなくなった。
4 天候の変化により木の多くが枯れた。

解説 石炭紀の終わりは最終段落で解説されている。第1文から第3文にかけて、気候が寒冷化し木が枯れたと述べられていることから4が正解。設問の end は本文の conclusion に当たる。また

本文の climate（気候）が選択肢では weather（天候）と言い換えられている。

4

解答例 （反対派）

　Technology has changed the way we use money, but traditional banking is still the way many people take care of their money. Some might anticipate these old organizations going away but as long as there is money, people will use banks.

　First, people trust the security of banks to keep their money safe. Some people put some of their money in electronic money systems or at their home, but for large amounts of money people feel safer keeping it in a bank. That protection banks offer is hard to replicate.

　Second, there is also the issue of service. Many financial issues can be solved by an app or website, but some things require more assistance. Being able to talk in person to an expert is something only banks can offer.

　The way people interact with their money will change in the future, but that future will always include banks.

(149 words)

訳

　科学技術は私たちのお金の使い方を変えた。しかし従来の銀行は今でも多くの人のお金の管理法であり続けている。こういった古い組織が消え行くと予測する人もいるだろうが、お金の存在する限り人々は銀行を使うだろう。

　第一に、人々はお金を安全に保つための銀行の安全性を信頼している。お金の一部を電子マネー化したり、自宅に置く人もいるが、人々は多額のお金については銀行に入れた方が安心と感じている。銀行が提供するそのような保障は他に変え難いものだ。

　第二に、サービスの問題がある。アプリやウェブで解決できる金銭的問題も多いが、より多くの助けを必要とすることがらもある。直接専門家と話せるというのは、銀行だけが提供できるものだ。

　未来において人とお金の付き合い方は変わっていくだろうが、どんな未来に

も銀行は存在するだろう。

解説

　導入段落では第1文、第2文ともに、いったん自分の立場（反対）とは逆の内容や意見に触れたのち、but と逆接で自分の意見を述べている。このようにいったん譲っておいて（譲歩）、逆接で自分の意見を述べるのは英文エッセーの常套手段である。

　続く2段落では、First, Second, という列挙のディスコースマーカーで整理しつつ、それぞれ security, service の観点から銀行の良さを主張している。また第2段落においては、ポイントの1つである electric money を Some people で始まる「譲歩」のところに利用している。すでに持論のサポートでポイントを2つ使えているので、残りのポイントは自由に使っても使わなくても構わない。

　最後のまとめも「譲歩→逆接」の形で、自分の立場を強く主張できている。

　解答例は反対派の意見だが、仮に賛成派に立った場合は、銀行によるお金の管理は安全面で不安がある（security）、ネットや電子マネーの普及で個人がお金を管理できる（electronic money, convenience）といった主張をすることができる。

リスニングテスト

Part 1

No. 1　正解　3

スクリプト

(Phone)
W: Hello, this is Alpenglow Bank. How may I help you?
M: Hello, I saw an ad that says you offer $300 for opening a checking account.
W: Yes, new customers can qualify to earn $300 if they open a checking account.
M: Are there any conditions to earning the money?

W: Yes, the account must have a balance of at least $15,000 for six months to qualify.

M: Oh, I see. Well, I probably won't have the funds to take advantage of it, so I'll have to decline the offer.

Question: Why does the man decide not to open a checking account?

訳 （電話）

女性：はい、こちらアルペングロー銀行でございます。ご用件をお聞かせ下さいませ。

男性：もしもし、当座預金口座を作ると300ドルプレゼントという広告を見たんですが…。

女性：さようでございます。新規のお客様で当座預金口座を開設いただきますと、300ドルお受け取りの資格が発生いたします。

男性：お金を受け取るのに条件はあるんですか。

女性：はい、口座の残高が6ヶ月間1万5,000ドル以上の場合に資格発生となります。

男性：なるほど、分かりました。たぶん応募するだけの資金が準備できないと思うので、せっかくですがお話はお断りしなければなりません。

質問：男性が当座預金口座を開設しないことにしたのはなぜですか。

1　その銀行にすでに当座預金口座を持っているから。
2　他の銀行でもっとよい話を見つけたから。
3　応募するだけのお金が準備できないから。
4　毎週の収入が300ドルを超えているから。

解説　プレゼントの条件である口座の残高について、男性は I probably won't have the funds to take advantage of it so I'll have to decline the offer. と答えている。お金が準備できていないことが分かるので、正解は3。balance「残高」、fund「資金」、money「お金」の言い換えがポイント。

No. 2　正解　4

スクリプト

W: Hi Shawn, I heard you were learning the guitar.

M: Yes, but it's slow going. I'm not very good at all.
W: I'm sure you'll pick it up. Have you been practicing regularly?
M: Yes, but I can't do it for very long. My fingers get sore from holding the strings down.
W: Yeah, I've heard that can be tough. I'd like to hear you play once you get better.
M: Oh, I'm sure you don't want to do that.
Question: Why does the man find it difficult to practice the guitar?

訳

女性：ショーン、元気？ ギター習ってるんだって？
男性：うん、けどなかなか進まなくて。すごいうまいとかじゃないよ、全然。
女性：きっと上手になるよ。時間決めて練習してる？
男性：してるよ、でも長いこと続かないんだよね。弦を押さえてると指が痛くなるから。
女性：そうだね、難しいって聞いたことあるもん。上達したら聞いてみたいな。
男性：えっ、それは絶対やめといた方がいいよ。
質問：男性がギターの練習を難しく思うのはなぜですか。
1　練習時間が十分取れないから。
2　時間を決めて教えてくれる先生がいないから。
3　女性から借りた教本を何冊かなくしてしまったから。
4　ギターを弾くと指が痛くなるから。

解説　練習の程度を尋ねる女性に対して、男性は長時間練習できない理由を My fingers get sore from holding the strings down. と述べている。よって、get sore（ヒリヒリする）を hurt で言い換えた4が正解。

No. 3　正解　2

スクリプト

M: I think my running shoes are wearing out. I should buy new ones.
W: You should buy them at the Foot First, the new shoe store in

the mall. They have an intense foot measurement system that lets you know exactly what kind of shoe you need.
M: Really? Have you tried the system?
W: Oh yes, it was fantastic. My feet hurt a lot less when I run in my new shoes.
M: I think I'll try it out then. Thanks.
Question: What will the man do?

> 訳

男性：ランニングシューズがぼろぼろになってきたみたいだな。新しいのを買わなくっちゃ。
女性：フット・ファーストで買うといいよ。ショッピングモールの中にできた新しい靴屋さん。強力な足測定システムがあって、自分にどんな靴が合うかピタリと教えてくれるから。
男性：ほんと？　そのシステムって、使ってみた？
女性：ええ、もちろん。もう感動。新しい靴にしてから、走るときの足の痛みがずっと減ったよ。
男性：それ使ってみようっと。ありがとう。
質問：これから男性はどうするでしょうか。
1　自分の新しい靴を履いてジョギングに行く。
2　機器で足を測定してもらう。
3　フット・ファーストに行って、女性へのプレゼントを買う。
4　手頃な値段の新しい靴を買う。

解説　新しい靴屋とその測定システムを勧める女性の話に納得した男性は、それについて I think I'll try it out then. と答えていることから、今後はその店で足を測定してもらうと考えられる。よって、正解は2。

No. 4　正解　4

スクリプト
W: I heard you were planting some flowers in your garden.
M: Yeah, they're coming along great except for the hydrangeas. The blossoms are pink instead of blue. I don't know what the problem is.

W: Oh, that's actually based on the soil. The color of the flowers is determined by the acidity of the dirt. Hydrangeas planted in this region will produce pink flowers.

M: I had no idea! Thanks for telling me; I thought something was wrong.

W: No problem. I'd like to see them sometime.

Question: What was the man worried about?

訳

女性：庭に何か花を植えてるって聞いたけど…。

男性：うん、うまく咲いてるけど、アジサイだけがダメでね。花が青じゃなくてピンクになっちゃった。どこが悪いのか見当付かなくて…。

女性：あ、それ、ほんと土によって違うよ。花の色は土の酸性度で決まるから。この辺にアジサイを植えると、花はピンクになるはず。

男性：知らなかった！　教えてくれてありがとう。何かおかしいと思ったよ。

女性：どういたしまして。今度見てみたいな。

質問：男性は何を心配しているのですか。

1　庭に植えた花が足りない。
2　花に土を使いすぎている。
3　花にもっと頻繁に水をやればよかった。
4　アジサイがどこかおかしい。

解説　男性は I don't know what the problem is. と困惑している理由は、直前にあるアジサイが青じゃなくてピンクになってしまったこと。また、土壌と花の色の関係を教えてくれた女性に、I thought something was wrong. と答えているので、正解は 4 である。

No. 5　正解　3

スクリプト

M: Have you ever been to this restaurant before?

W: A couple of times, though only for lunch. They have a special

for a small meat and cheese plate for very cheap.
M: I don't see that here on the menu.
W: I think it's only for lunch.
M: That's too bad, it sounds tasty.
W: It is, though I'm glad to try what they have on their dinner menu.
Question: What does the woman say about the restaurant?

訳

男性：このレストラン来たことある？
女性：何回かは…でもランチだけ。肉とチーズのおすすめ料理があって、とっても安いんだよ。
男性：このメニューには書いてないけど。
女性：ランチ限定じゃない？
男性：残念だな、うまそうなのに…。
女性：おいしいよ。でもディナーメニュー食べてみるのも楽しみね。
質問：女性はこのレストランについてどう言っていますか。
1　ランチメニューに不満がある。
2　ディナーメニューには肉とチーズが含まれる。
3　おすすめランチが好き。
4　夕食に何回か来たことがある。

解説　レストランで女性がお勧めするメニューについて、メニューに載っていないと伝える男性。それに対して、I think it's only for lunch. と女性が述べていることから女性は lunch special「ランチメニュー」が気に入っていると分かる。よって、正解は 3。

No. 6　正解　2

スクリプト

W: I have to return this book to the library in a few days. Do you want to read it before then?
M: No thanks, I'm already reading something.
W: It's really short, so you could probably read it in a day.
M: Actually, I really don't like reading two things at once. I always forget where I am in either book and mix up plot points

between them.

W: Ah, I see. Well, you should check out the book yourself sometime; it's very interesting.

Question: Why won't the man read the book that the woman offers him?

訳

女性：この本、あと何日かで図書館に返さなきゃならないんだけど、それまでに読みたい？

男性：悪いけど、いいよ。今読んでいるのがあるから。

女性：とっても短いし、たぶん1日で読めるよ。

男性：実は同時に2冊読むの、あまり好きじゃなくてね。どっちもどこまで読んだのか、いつも分からなくなるし、話の筋もごっちゃになっちゃうから。

女性：ああ、そうなんだ。じゃあ、いつか自分で借りてみてね。ほんと面白いから。

質問：女性が勧める本を男性が読もうとしないのはなぜですか。

1　話の筋が退屈そうだから。
2　今ほかのものを読んでいる途中だから。
3　女性の代わりに図書館に返さなくてはいけないから。
4　その本はすでに貸し出されているから。

解説　お気に入りの本を勧める女性に、男性は I'm already reading something. と述べて今すぐ読むことを断っている。また、短い本だからとさらに勧める女性の発言について、I really don't like reading two things at once. と伝えていることからも、正解は2となる。

Part 2

(A) No. 7　正解　3
　　No. 8　正解　2

スクリプト

Urban Heat Islands

Urban heat islands are when cities are hotter than their nearby areas. Cities are often several degrees hotter than their rural surroundings. This can cause weather disruptions and decrease air quality. Energy costs are also increased from the need to cool buildings. The cause of urban heat islands is that concrete and buildings absorb heat better than plants. The absorbed heat prevents cities from cooling off at night.

The way to prevent urban heat islands is to make cities more like the wilderness. Green roofs and walls cover buildings with plants such as grasses that prevent the buildings from absorbing heat. Trees planted on sidewalks also prevent pavement from heating up.

Questions:

No. 7　What causes urban heat islands?

No. 8　What is one thing we learn about preventing the urban heat island effect?

訳

都市ヒートアイランド現象

　都市ヒートアイランド現象とは、都市の気温が周辺の地域より高くなることをいう。都市は周辺の田園地帯より数度も高温となることがよくある。これによって、悪天候となったり、大気質が低下したりする場合がある。また、ビルの冷房が必要となり、光熱費も増加する。都市のヒートアイランド現象の原因は、コンクリートやビルが植物より熱を吸収しやすいことにある。吸収された熱のために、都市は夜になってもなかなか涼しくならないからだ。

　都市ヒートアイランド現象を防ぐ方法は、都市を自然の地域に近づけること。ビルを芝生など植物で覆う屋上緑化や壁面緑化は、ビルが熱を吸収するのを防ぐ。歩道に植えた樹木も舗装の過熱を防ぐ。

質問：**No. 7**　都市ヒートアイランド現象の原因は何ですか。

1　増加の一途をたどる光熱費。

2　周辺地域から流入する熱。

3　太陽の熱を吸収するビル。

4 高層ビルに悪影響を受けた天候。

解説 話者は、第1段落5文目に都市ヒートアイランド現象の原因として、concrete and buildings absorb heat better than plants と述べている。よって 3 が正解。本文の absorb「吸収する」と選択肢の soak up「吸い上げる、吸収する」が言い換えになっている。

質問：**No. 8** 都市ヒートアイランド現象の防止についてどういうことが分かりますか。

1 屋根外面や外壁を緑に塗装するのが最も効果的。
2 植物をより多く植えると、ビルが熱を吸収するのを防ぐのに役立つ。
3 エネルギー消費量の削減が必要だが非現実的。
4 緑の舗装を行う都市がますます増えてきている。

解説 都市ヒートアイランド現象の防止については第2段落で述べられている。green roofs and walls cover buildings with plants such as grasses that prevent the buildings from absorbing heat から、芝生などの植物を植えることでビルの熱吸収を防ぐことができると分かる。よって、2 が正解。4 の pavement は本文の sidewalk の言い換えだが、green pavement は文字通り緑の歩道の意味しかない。

(B) No. 9 正解 **2**
No. 10 正解 **4**

スクリプト

Standing Desks

　Standing desks are becoming popular in offices. More and more companies are switching to standing desks in order to avoid some of the health risks associated with prolonged sitting, such as weight gain, spinal injuries and heart disease.

　On the other hand, some experts think that such efforts might not be needed. They argue that sitting itself is not the problem, but rather long periods of inactivity. People who sit at normal desks and take frequent breaks to walk around for a short time experience similar health benefits as standing desks bring. However, some people still prefer standing desks because they find them more comfortable and appreciate not having to schedule breaks.

Questions:

No. 9 What is one reason standing desks are becoming popular in offices?

No. 10 What do some people think is as effective as using a standing desk?

訳

立ち机

　オフィスで立ち机の人気が上昇中だ。長時間座り続けることに伴う体重増加や脊椎損傷、心臓病などの健康リスクの一部を防ぐために、立ち机に切り替える企業がますます増えている。

　他方、そうした取り組みは不要だろうと考える専門家もいる。座ること自体が問題なのではなく、むしろ長時間身体を動かさないことの方が問題というのだ。ふつうの机に座っていても、頻繁に休憩を取って周囲を短時間歩く人は、立ち机がもたらすのに似た健康効果が得られる。ただ、それでも立ち机の方がよいという人もいる。なぜなら、その方が快適だし、休憩の予定を立てなくてすむから助かるというのだ。

質問：**No. 9**　オフィスで立ち机の人気が高まっている1つの理由は何ですか。

1　ふつうの机より軽く丈夫なため、より有用だから。
2　長時間座り続けることによる健康リスクの一部が生じないから。
3　スペースの有効活用になり、多くの従業員が好むから。
4　脊椎損傷や心臓病の治療に使えるから。

解説　第1段落冒頭で、企業が立ち机を採用する理由として、in order to avoid some of the health risks associated with prolonged sitting と述べられている。よって、2が正解となる。pose は「（問題・危険）を引き起こす」の意味する他動詞。

質問：**No. 10**　立ち机を使うのと同じくらい効果があると一部の人

実践テストの解答と解説　57

が考えるのは、どういうことですか。
1 病気の治療に十分な休暇を取ること。
2 医師に相談して休憩の予定を立てること。
3 いつもより速いペースで外を歩くこと。
4 机から席を立って短時間周囲を歩くこと。

解説 第2段落に、立ち机と似た健康的効果があるのは sit at normal desks and take frequent breaks to walk around for a short time を行う人とあるので4を選ぶ。get up from ～は「～から腰を上げる」の意味。

(C) No. 11 正解 1
No. 12 正解 4

スクリプト

Food Carts

One of the fast-growing fields in the restaurant business is food trucks. These mobile restaurants are smaller and cheaper to run than normal restaurants, which makes them an attractive choice for first-time owners. People who don't have enough money or experience to open a full-size restaurant can set up a food cart with less financial risk.

The food served at food trucks is rather experimental. Food trucks often serve food that would be too niche to serve in a full-service restaurant. Some trucks specialize in more obscure ethnic foods or sometimes unusual fusions. In Los Angeles, for example, a popular style has been a mixture of Korean and Mexican, representing two of the larger populations of the city.

Questions:

No. 11 What is one thing we learn about food trucks?

No. 12 What is true about food trucks?

訳

移動式屋台

飲食業で最も急成長している業態の1つにトラック屋台がある。

これらの移動式飲食店は、通常の店より小規模で経費が安いため、初めて開業する人にとってはうまみのある選択肢となっている。通常規模の飲食店を開業するだけの資金や経験がない人でも、移動式屋台なら金銭的なリスクを抑えながら始めることができる。
　トラック屋台で出される料理は、どちらかというと実験的なものだ。ニッチ性が強すぎて普通の飲食店で出せないような料理を出しているところが多い。あまり知られていないエスニック料理や、場合によっては独自の融合料理を専門とする屋台もある。例えば、ロサンゼルスでこれまで人気のあるスタイルは、韓国料理とメキシコ料理を混ぜ合わせたもので、ロサンゼルスで人口が多い民族の2つを代表する形となっている。

質問：**No. 11**　トラック屋台について1つ分かることは何ですか。
1　通常の飲食店より経費が安い。
2　トラック屋台ビジネスの最も重要な要素は、移動のしやすさと安全性である。
3　トラックの所有者はほとんどが資金面で問題を抱えている。
4　多くの場所で通常の飲食店にしだいに取って代わってきている。

解説　第1段落ではトラック屋台という形態についてだが、このような移動式飲食店の特徴として smaller and cheaper to run than normal restaurants と述べられている。よって、1が正解。

質問：**No. 12**　トラック屋台について本当のことを述べているのはどれですか。
1　料理人の多くは伝統的な料理方法に回帰している。
2　より珍しくて高価なスパイスを使うことが広まってきている。
3　ベジタリアン料理の選択肢を増やしてほしいという声が多い。
4　トラック屋台の中には、各国の料理をミックスした料理を出すところもある。

解説　第2段落はトラック屋台の料理について述べられている。ニッチ性が強い料理が特徴だが、中には more obscure ethnic foods or sometimes unusual fusions を提供する店もあると述べている。fusion「融合」を combination「ミックスしたもの」に言い換えた4が正解。

Part 3

(D) No. 13 正解 1

スクリプト　🎧29

You have 10 seconds to read the situation and Question No. 13.

Normally we have a free hotel shuttle to take you to the airport, but unfortunately it's being repaired at the moment. There are a lot of taxi services that will take you to the airport for around $30. You can take the bus for around $4, but you'll need to transfer on the way to the airport. The train is faster, but it costs a bit more and doesn't run as frequently.

訳

場面：あなたはホテルのフロントにいて、できるだけお金をかけずに空港に行きたいと考えています。フロント係が次のように案内してくれました。

スクリプト：

問題 13 の場面と質問を読む時間が 10 秒間あります。

通常は空港行きの無料のホテルシャトルがございますが、あいにく現在修理中となっております。タクシーもたくさんあり、空港までは 30 ドルほどでございます。バスなら 4 ドルほどですが、途中で空港行きに乗り換えていただくことになります。電車の方が早いですが、運賃が多少高めとなる上、本数がバスほどございません。

質問：あなたはどうするのがよいでしょうか。

1　バスで空港へ行く。
2　ホテルシャトルの修理が終わるのを待つ。
3　フロント係にタクシーを呼んでもらう。
4　電車の最も安い席を予約する。

解説　Situation にある spending the least amount of money possible（できるだけお金をかけずに）がポイント。電車の運賃は述べられていないがバスよりも costs a bit more とあるので、最も安いのはバスと分かる。よって、1 が正解。

(E) No. 14　正解　2

スクリプト

You have 10 seconds to read the situation and Question No. 14.

Since Richard left, we have to determine how to divide the work he left behind as soon as possible, or it will completely mess up our estimates for how many tasks you should be completing per week. I'd like you to talk with Tina about which projects of Richard's you'll take on. Figure out which of his old projects make the most sense for each of you.

訳

場面：仕事仲間のリチャードが退職しました。そこで新たに必要となった仕事を、あなたや部署の他の人たちとどう分担するか、上司があなたと話をしているところです。上司から次のような指示を受けました。

スクリプト：
　問題14の場面と質問を読む時間が10秒間あります。
　リチャードが辞めたから、担当していた仕事をどう分担するか、できるだけ早いうちに決めないといけませんね。でないと、君たちの週ごとの仕事量の見積もりがメチャクチャになってしまいます。リチャードのプロジェクトのうちどれを引き継ぐか、ティナと相談してほしいんです。リチャードが担当していたプロジェクトの中で、どれが君たち一人ひとりにいちばん合うか、検討してみてください。
質問：あなたはどうすべきですか。
1　リチャードの代わりの人を探す。
2　ティナと話をする。
3　週ごとの仕事量について新しい見積もりをする。
4　上司と面会の予定を組む。

解説　状況説明に続く、上司からあなたへの具体的な指示 I'd like you to talk with Tina を聞き逃さないことが重要。これを言い換えた2が正解。

(F) No. 15 正解 3

スクリプト

You have 10 seconds to read the situation and Question No. 15.

The place I've stayed at before is The Crown Hotel, which is really nice and has some good restaurants. There's also Sunshine Hostel, which is close to the train station we'll be using to travel and the cheapest option. Good Nights Hotel is actually the closest to the station, but its reviews aren't as nice. If we don't mind spending a lot, there's Sky Hotel which is really fancy and comfortable.

訳

場面：あなたは友人との旅行を計画しています。あなたはできるだけ歩き回りたくないと思っています。友人はあなたにホテルの選択肢について教えてくれています。

スクリプト：

問題15の場面と質問を読む時間が10秒間あります。

前に泊まったことがあるのはクラウンホテルだけど、本当に素敵なホテルで、館内に良いレストランがいくつかありました。サンシャインホテルもありますが、旅行中に利用する駅に近く、一番安いホテルです。実はグッドナイツホテルが一番駅に近いけれど、レビューの評価が他と比べて良くないです。旅費を気にしないのであれば、すごく豪華で快適に過ごせるスカイホテルがあります。

質問：あなたはどのホテルを予約するよう提案しますか。

1　クラウンホテル。
2　サンシャインホテル。
3　グッドナイツホテル。
4　スカイホテル。

解説　状況説明に You want to spend the least amount of time walking around とあることから、なるべく歩かないで済む駅に最も近いグッドナイツホテルを提案すると考えられる。

二次試験（模擬面接） 本冊 pp.130-131

解答例

Model Narration

One day, a woman was talking with her boss in their office. She was trying to convince him that they needed to provide more places where children could play. But her boss was not very enthusiastic about her idea. At a staff meeting, the woman presented her plan to create more play spaces for children. She said the best plan would be to take some parks that already existed and change them so they would be better for children to play in. She chose this option over building all new playgrounds. The people she worked with liked her plan. A few months later a park had been changed to focus more on spaces to play. A lot of children were having fun playing sports, but some people didn't enjoy how loud it was. The next day an older couple came to the woman's office and complained that they need a quiet place to relax.

Questions

No. 1

Please look at the fourth picture. If you were the woman, what would you be thinking?

- I would be thinking "This new project solved the original problem but created a new one. We should make sure there are still quiet places in the park."

No. 2

Do you think that it is necessary for children to go play outside?

- Yes. I think it's necessary for children to go outside. Exercising is important and makes sure children are healthy. Also, it helps children create friendships with other children.

No. 3

Do you think that children have fewer opportunities to have fun with friends?

- No. There are many new ways to have fun with friends, though sometimes they are over the internet. As long as they also make sure to meet with friends in person then these new opportunities can be fun too.

No. 4

Should the local community have stricter rules on the use of public spaces?

- Yes. Some people use public spaces in a way that drives away other people. For example, if people took their dogs to a park that wasn't meant for dogs then it might cause other people to stop coming.

ナレーションの訳

　ある日、市役所のある部署で女性が上司と話していました。彼女は、子どもが遊べる場所がもっと必要だということを上司に理解してもらおうとしましたが、上司は彼女の考えにはあまり賛同しませんでした。職員会議で女性はより多くの遊び場を提供する計画について発表しました。既存の公園をいくつか選び、子どもたちが遊べるように整備するのが最善のプランではと述べました。彼女は、新規に公園を増設する案よりもこれは良い案であるとしました。他の職員は彼女の案に賛同しました。数か月後、とある公園が遊び場を拡充してリニューアルオープンしました。たくさんの子どもがスポーツを楽しんでいましたが、賑やかであることを喜ばない老夫婦もいました。翌日、老夫婦が市役所の女性を訪れ、公園には落ち着ける静かな場所が必要との不満を申し立てました。

解説

　ストーリーの展開としておさえるべきは、①女性が子どもの遊び場が不足していると上司に相談→②会議にて既存の公園に遊び場を設ける案が受け入れられる→③子どもたちは新しい遊び場を喜ぶが、落ち着かないお年寄りもいる→④新しい公園に納得いかないお年寄り夫婦が不満を訴えるという流れです。

　1分間の準備の際は、まず問題カードに書かれた at the city office（市役所）

と導入文をチェックし、1コマ目で話している女性と男性（上司）は市の職員であることを踏まえましょう。上司が首を横に振っている（女性のアイデアに賛成していない）ことにも着目します。2コマ～4コマ目では左上にある場所(At a staff meeting)や時間経過（A few months later、The next day）を表す語句を確認します。特にポイントとなるのは3コマ目でベンチに座っているお年寄り夫婦（納得していない顔をしている）が4コマ目の二人と同じ夫婦ということです。この点に気づかないと4コマ目の展開（オチ）をうまく説明できません。準備時間では文字情報とともにできるだけイラストの細部も確認するようにしましょう。

準備段階において論理展開を把握できれば、学習編で解説したように1コマ目「(指定文：One day, a woman was talking with her boss in their office. ＋1～2文」、2コマ目「(場所を表す語句：At a staff meeting)～～．＋1～2文」、3コマ目「(時間を表す語句：A few months later)～～＋1～2文」、4コマ目「(時間を表す語句：The next day)～～＋1～2文」の構成で描写しましょう。ナレーションの解答例はその構成になっています。各コマの「1～2文」の箇所は解答例のようになるべくコマ内の文字情報（吹き出しのセリフやスライドの内容）を利用するとよいでしょう。

Q&A　質問と解答例の訳

No. 1

「4コマ目を見てください。もしあなたが女性ならば、何を考えているでしょうか」と言う質問。解答例は「『この新規プロジェクトにおいて元々の問題は解決したが、新たな問題が出てきてしまった。公園内に別の静かな場所があるか確認しないと』と考えているでしょう」という意味。老夫婦の訴えを受けて、女性がどのように考えるかを想像することでこのように解答できます。

No. 2

「子どもは外に出て遊ぶことが必要だと思いますか」という質問。解答例は「はい。私は子どもが外に出るのは必要だと思います。身体を動かすことは大事なことですし、子どもが健康になるのは間違いありません。さらに、子ども同士の友情を築くきっかけにもなります」という意味。質問にYesと解答した場合の例ですが、難しく考えずにより理由を述べやすい方（この場合は圧倒的にYesです）を選び、解答しましょう。

No. 3
　「最近の子どもは友だちと楽しい時間を過ごす機会が少ないと思いますか」という質問。解答例は「いいえ。インターネットを介しての場合など、友だちと遊ぶ新しい方法はたくさんあります。実際に友だちと会うことができるのであれば、そのような新しい機会は楽しいものにもなり得ます」という意味。質問に No と解答した場合の例です。fewer opportunities を「家の外で遊ぶ機会がより少ない」と捉えた場合は、Yes ＋理由で解答してもよいでしょう。

No. 4
　「地域社会は公共スペースの利用に関してより厳格な規則を設けるべきですか」という質問。解答例は「はい。なかには他の人を追い払ってまで公共スペースを使用する人もいます。例えば犬の入場が許可されていない公園に犬を連れて行けば、他の人が公園に来なくなるきっかけになってしまいます」という意味。最後の質問では客観的な意見を求められる場合があります。ここでは公共スペースの利用規則の厳格化についてですが、解答例のように賛否を述べた後で身近な例（または事実や自身の経験）を用いて自分の意見をサポートするようにしましょう。